Impressum
Verlag: BABADADA GmbH, Nedderfeld 112 , 22529 Hamburg
Geschäftsführer / Verlagsleitung: Harald Hof
Druck: Books on Demand GmbH, In de Tarpen 42, 22848 Norderstedt

Imprint
Publisher: BABADADA GmbH, Nedderfeld 112 , 22529 Hamburg, Germany
Managing Director / Publishing direction: Harald Hof
Print: Books on Demand GmbH, In de Tarpen 42, 22848 Norderstedt, Germany

lekol

школа

klas
классная комната
divize
делить
186/2
tablo
доска
lakour lekol
школьный двор
profeser
учитель
papie
бумага
ekrir
писать
plim
ручка
biro
письменный стол
lareg
линейка
liv
книга
zelev
ученик

sak lekol

ранец

plimie

пенал

kreyon

карандаш

egizwar

точилка

gom

ластик

kaye desin

альбом для рисования

desin

рисунок

pinso

кисточка

bwat lapintir

коробка красок

sizo

ножницы

lakol

клей

kaye devwar

тетрадь

devwar

домашняя работа

12

nimero

цифра

2+2

azoute

прибавлять

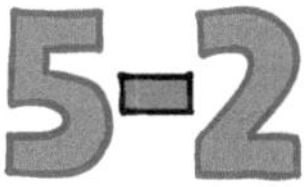
5-2

retire

вычитать

2×2

miltipliye

умножать

42

kalkile

считать

A

let

буква

ABCDEFG
HIJKLMN
OPQRSTU
VWXYZ

alfabet

алфавит

hello

mo

слово

text

текст

lir

читать

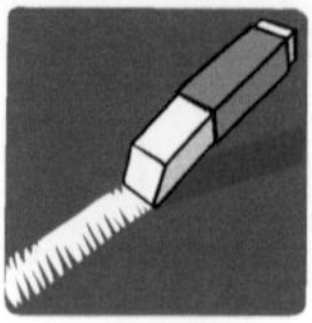

lakre

мел

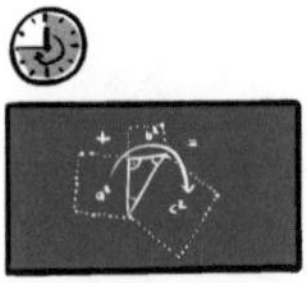

leson

урок

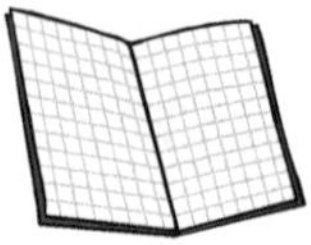

rezis

классный журнал

lexame

экзамен

sertifika

диплом

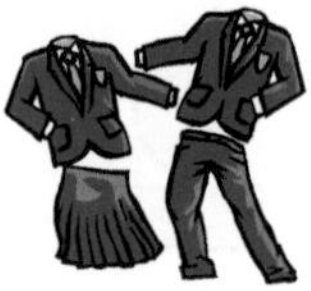

iniform lekol

школьная форма

ledikasion

образование

lansiklopedi

энциклопедия

liniversite

университет

mikroskop

микроскоп

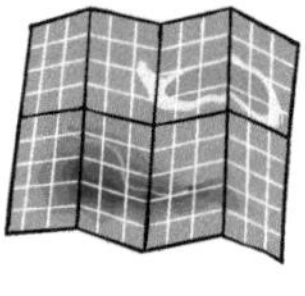

map

карта

poubel

корзина для бумаг

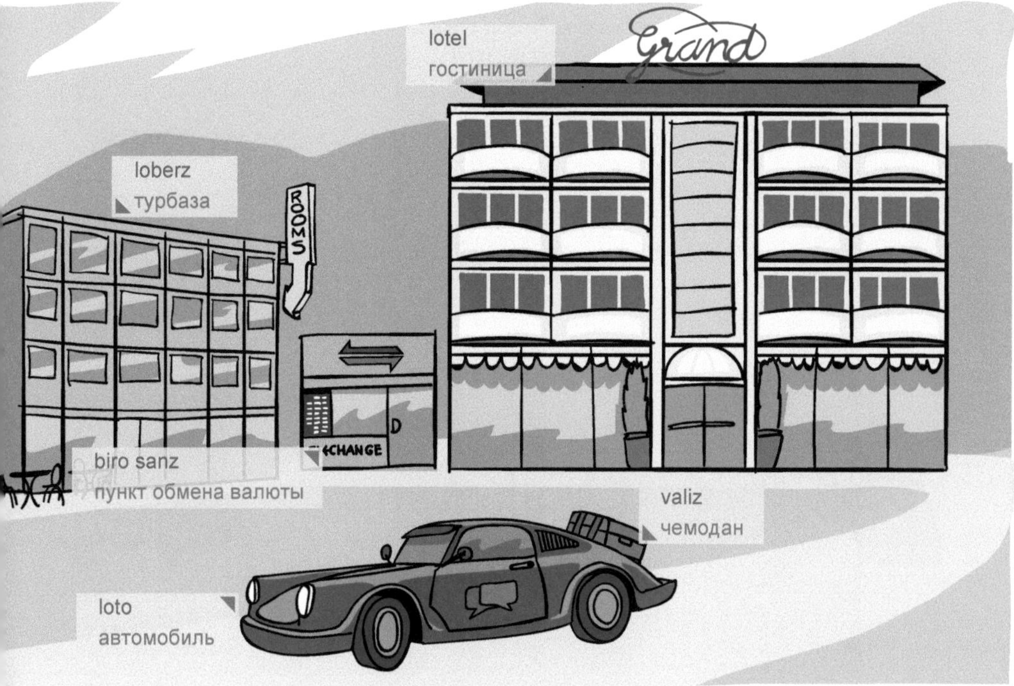
lotel
гостиница
Grand
loberz
турбаза
ROOMS
biro sanz
пункт обмена валюты
valiz
чемодан
loto
автомобиль

langaz

язык

wi / non

да / нет

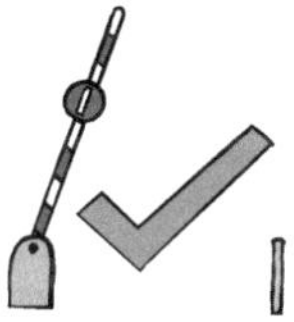

okay

хорошо

Alo

Привет

tradikter

переводчик

Mersi

Спасибо

komie sa..?

Сколько стоит…?

Mo pa pe konpran

Я не понимаю

problem

проблема

Bonswar!

Добрый вечер!

Bonzour!

Доброе утро!

Bonn nwi!

Доброй ночи!

o-revwar

До свидания

direksion

направление

bagaz

багаж

sak

сумка

sak-a-do

рюкзак

ot

гость

pies

комната

sak kousaz

спальный мешок

latant

палатка

lofis tourism

туристическая информация

laplaz

пляж

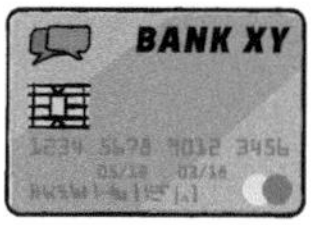
BANK XY

kart kredi

кредитная карточка

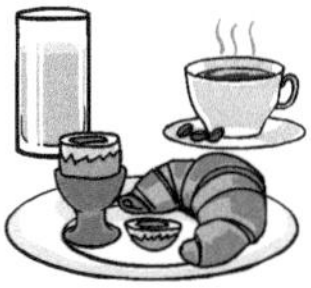

ti-dezene

завтрак

dezene

обед

dine

ужин

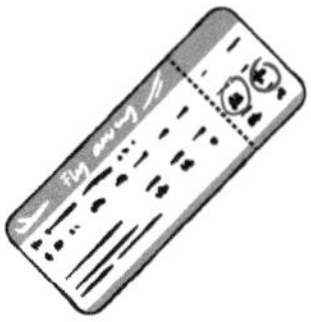

biye

билет

lasanser

лифт

70

tem

почтовая марка

frontier

граница

ladwann

таможня

lanbasad

посольство

viza

виза

PASSPORT

paspor

паспорт

transpor

транспорт

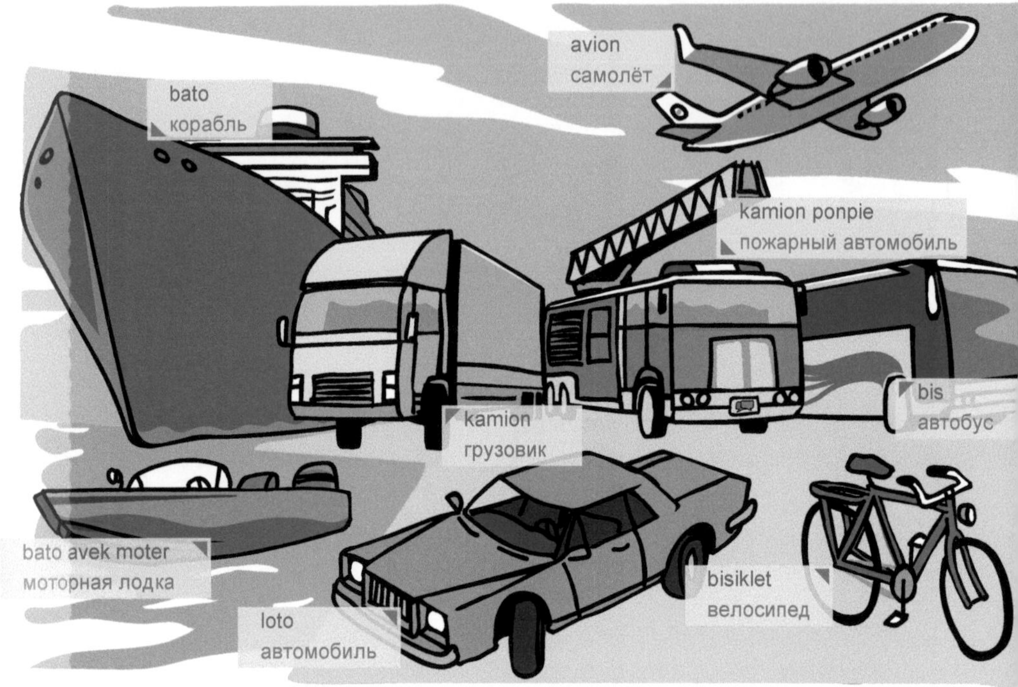
avion
самолёт
bato
корабль
kamion ponpie
пожарный автомобиль
bis
автобус
kamion
грузовик
bato avek moter
моторная лодка
bisiklet
велосипед
loto
автомобиль

feri

паром

bato

лодка

motosiklet

мотоцикл

loto lapolis

полицейский автомобиль

loto lekours

гоночный автомобиль

loto lokasion

арендованный автомобиль

ko-vwatiraz

вместное пользование автомобилями

kamion towing

буксировочный автомобиль

kamion salte

мусоровоз

moter

двигатель

lesans

топливо

filing

заправка

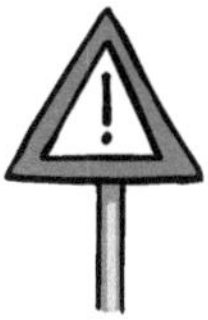

pano indikasion

дорожный знак

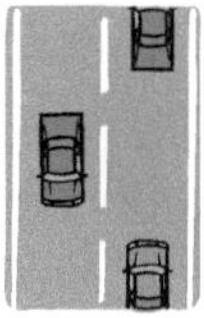

trafik

движение

anbouteyaz

пробка

parking

автостоянка

stasion trin

вокзал

ray

рельсы

trin

поезд

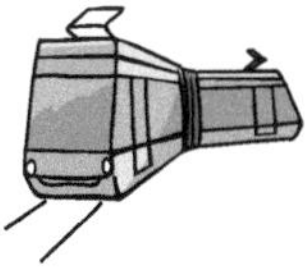

tram

трамвай

vagon

вагон

elikopter

вертолёт

aeropor

аэропорт

towing

вышка

pasaze

пассажир

kontener

контейнер

karton

коробка

sario

тележка

panie

корзина

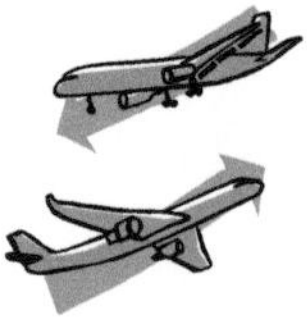

dekole / aterir

взлетать / приземляться

lavil

город

vilaz

деревня

sant-vil

центр города

lakaz

дом

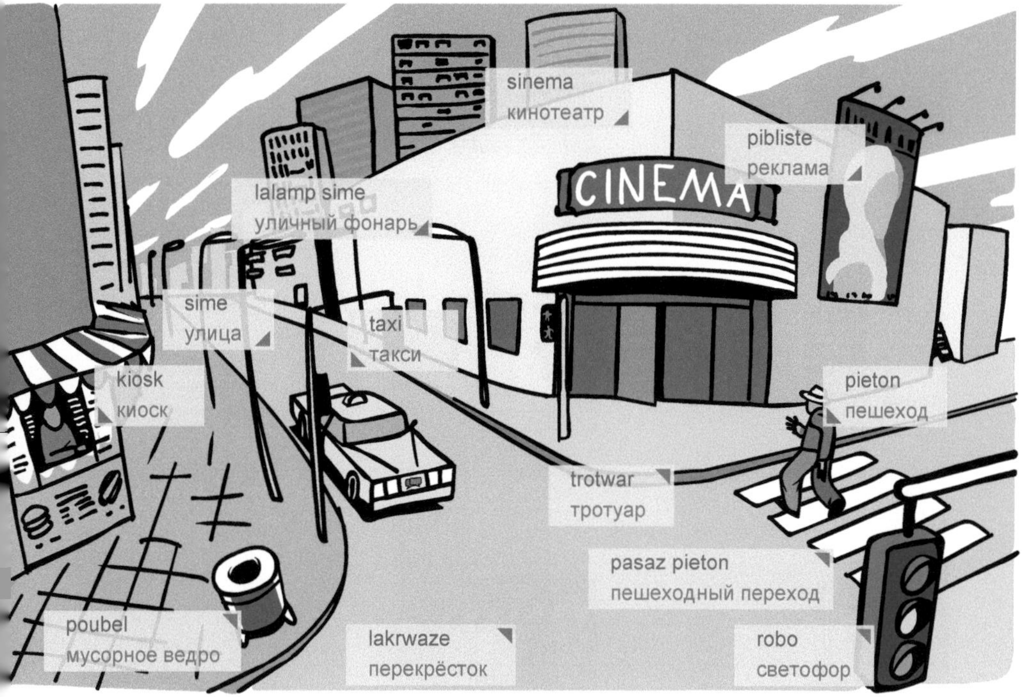
sinema
кинотеатр
CINEMA
pibliste
реклама
lalamp sime
уличный фонарь
sime
улица
taxi
такси
kiosk
киоск
pieton
пешеход
trotwar
тротуар
pasaz pieton
пешеходный переход
poubel
мусорное ведро
lakrwaze
перекрёсток
robo
светофор

kabann

хижина

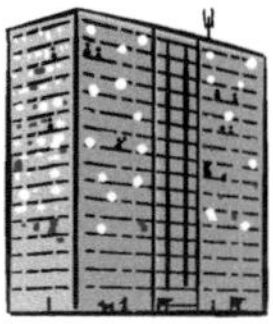

flat

квартира

stasion trin

вокзал

minisipalite

ратуша

mize

музей

lekol

школа

liniversite

университет

BANK

labank

банк

lopital

больница

lotel

гостиница

GOOD FOR HEALTH

farmasi

аптека

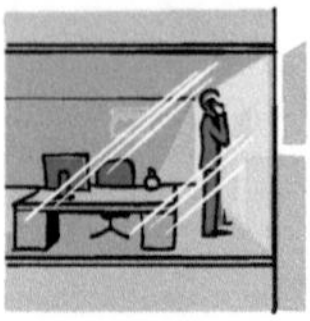

biro

офис

BOOKS
B

libreri

книжный магазин

heute billig, morgen teuer!

magazin

магазин

FLOWERS

fleris

цветочный магазин

S

sipermarse

супермаркет

bazar

рынок

gran magazin

универмаг

FISH

pwasonnri

торговец рыбой

sant komersial

торговый центр

lepor

порт

park

парк

labank

скамейка

pon

мост

leskalie

лестница

metro

метро

tinel

тоннель

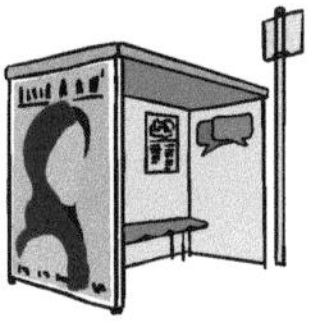

bistop

втобусная остановка

bar

бар

CHEZ GERALD

restoran

ресторан

bwat-a-let

почтовый ящик

pano

табличка с названием улицы

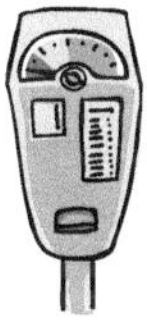

parkmet

паркометр

zoo

зоопарк

pisinn

бассейн

moske

мечеть

laferm

ферма

polision

загрязнение окружающей среды

simitier

кладбище

legliz

церковь

lespas pou zwe

детская площадка

tanp

храм

peizaz

ландшафт

fey
лист
pano indikasion
дорожный указатель
sime
дорога
preri
луг
ros
камень
randonner
путешественник
pie
дерево
larivier
река
lerb
трава
fler
цветок

lavale

долина

kolinn

гора

lak

озеро

bwa

лес

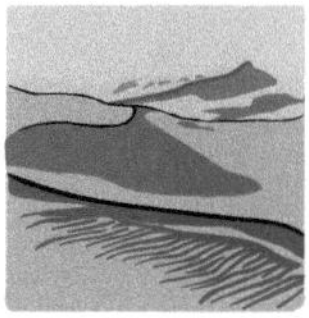

dezer

пустыня

volkan

вулкан

sato

замок

larkansiel

радуга

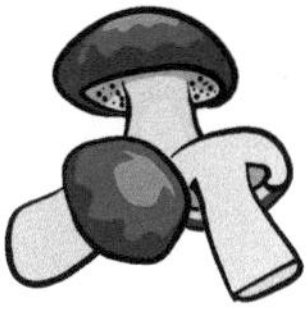

sanpinion

гриб

palmie

пальма

moutik

комар

mous

муха

fourmi

муравей

abey

пчела

zarenie

паук

koksinel

жук

grenouy

лягушка

ekirey

белка

erison

еж

lapin

заяц

ibou

сова

zwazo

птица

sign

лебедь

sangliye

кабан

serf

олень

elan

лось

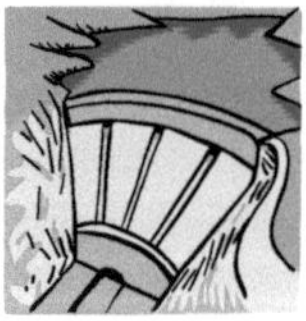

dam

плотина

eolienn

ветряной генератор

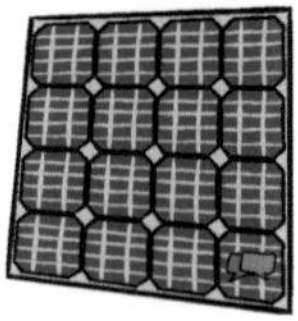

pano soler

солнечная батарея

klima

климат

restoran

ресторан

server
официант
meni
меню
sez
стул
lasoup
суп
pizza
пицца
kouver
столовые приборы
nap
скатерть

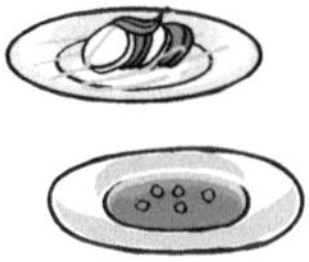

lantre
закуска

pla prinsipal
главное блюдо

deser
десерт

labwason
напитки

manze
еда

boutey
бутылка

fast food
....
фастфуд

take-away
....
уличная еда

teyer
....
чайник

po disik
....
сахарница

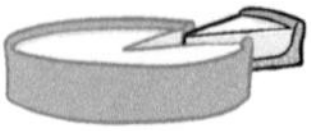

porsion
....
порция

masinn expresso
....
кофеварка

sez-ot
....
детский стульчик

bill
....
счет

plato
....
поднос

kouto
....
нож

fourset
....
вилка

kwiyer
....
ложка

ti-kwiyer
....
чайная ложка

serviet
....
салфетка

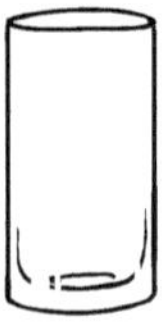

ver
....
стакан

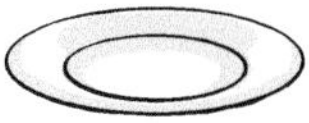

lasiet

тарелка

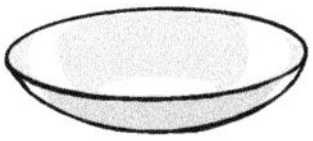

lasiet

суповая тарелка

soukoup

блюдце

lasos

соус

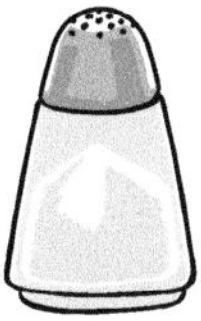

po disel

солонка

moulin dipwav

мельница для перца

vineg

уксус

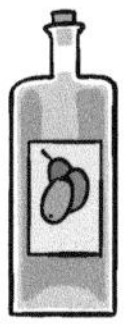

delwil

масло

zepis

специи

ketchup

кетчуп

lamoutard

горчица

MAYO

mayonez

майонез

sipermarse
супермаркет

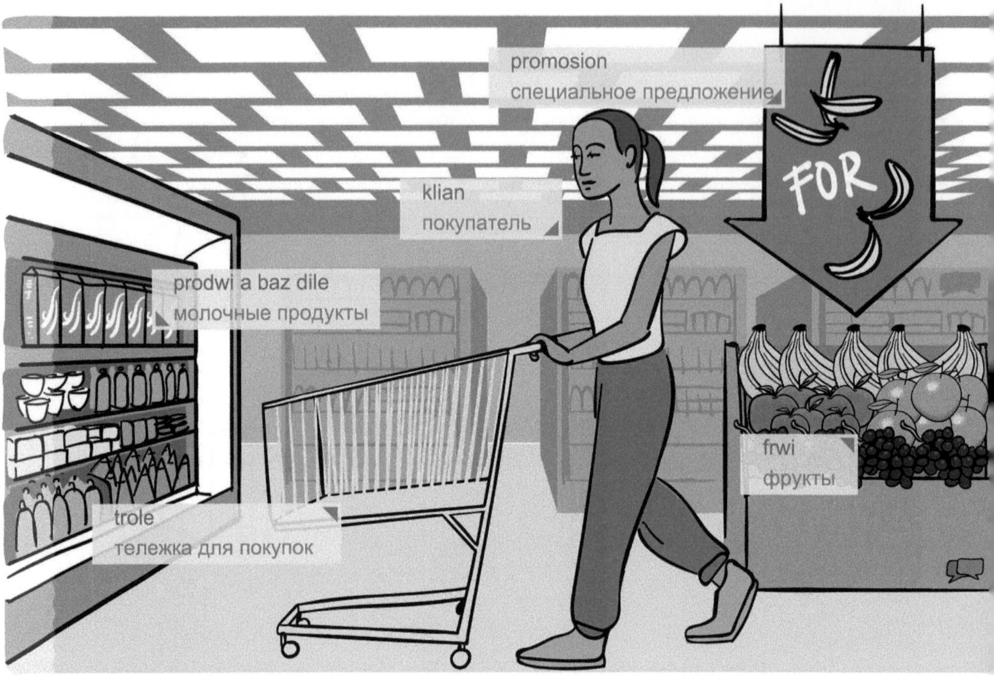
promosion
специальное предложение
klian
покупатель
prodwi a baz dile
молочные продукты
frwi
фрукты
trole
тележка для покупок
FOR

BUTCHERS

bousri

мясной магазин

BAKERY

boulanzri

пекарня

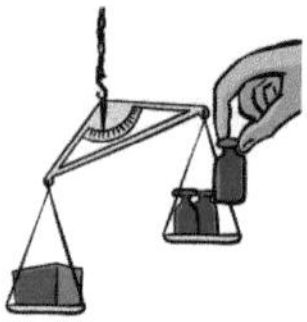

peze

взвешивать

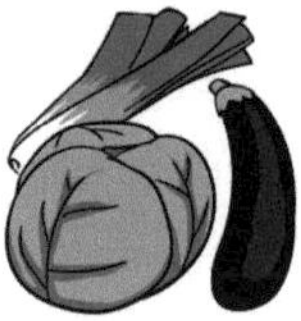

legim

овощи

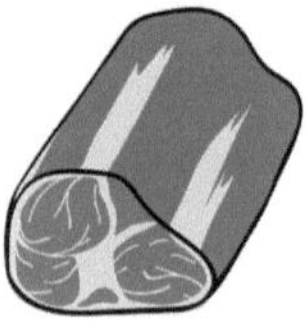

laviann

мясо

aliman konzele

быстрозамороженные продукты

sarkitri

нарезка

bwat konserv

консервы

lapoud masinn

стиральный порошок

BON
BON

bonbon

сладости

komision

предмет домашнего обихода

deterzan

моющее средство

vandez

продавщица

lakes

касса

kesie

кассир

lalis komision

список покупок

OPEN

ouvertir

время работы

portfey

бумажник

BANK XY

kart kredi

кредитная карточка

sak

сумка

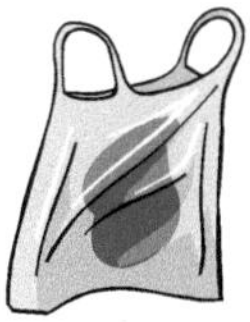

sak plastik

полиэтиленовый пакет

labwason

напитки

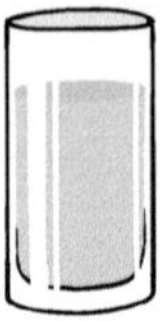

delo

вода

zi

сок

dile

молоко

coca

кока-кола

divin

вино

labier

пиво

lalkol

алкоголь

CACAO

sokola so

какао

dite

чай

kafe

кофе

expresso

эспрессо

cappuccino

капучино

manze

еда

banann

банан

pom

яблоко

zoranz

апельсин

melon

арбуз

sitron

лимон

karot

морковь

lay

чеснок

banbou

бамбук

zwayon

лук

sanpiyon

гриб

nwazet

орехи

minn

лапша

spageti

спагетти

diri

рис

salad

салат

chips

картофель фри

pomdeter frir

жареный картофель

pizza

пицца

burger

гамбургер

sandwich

сэндвич

eskalop

шницель

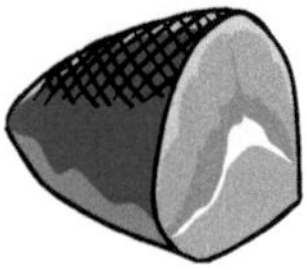

zanbon

ветчина

salami

салями

sosis

колбаса

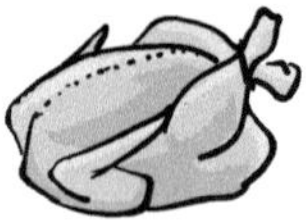

poul

курица

roti

жаркое

pwason

рыба

oatmeal

овсяные хлопья

muesli

мюсли

kornbif

кукурузные хлопья

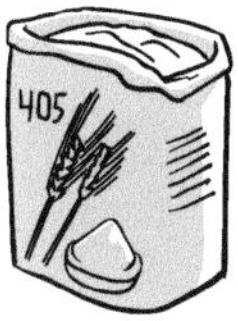

lafarinn

мука

krwasan

круассан

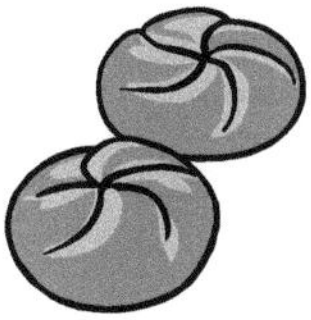

ti-dipin

булочка

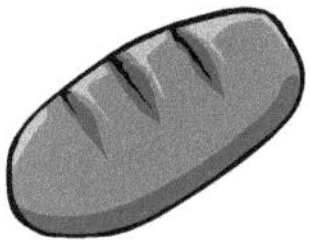

dipin

хлеб

dipin griye

тост

biskwi

печенье

diber

масло

fromaz blan

творог

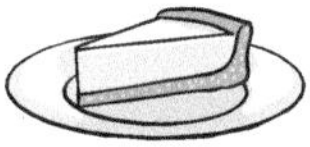

gato

пирог

dizef

яйцо

dizef frir

яичница

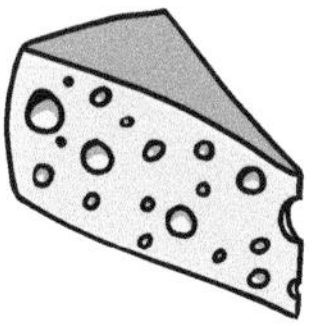

fromaz

сыр

sorbe

мороженое

disik

сахар

dimiel

мёд

konfitir

мармелад

nouga

крем с нугой

kari

карри

laferm
ферма

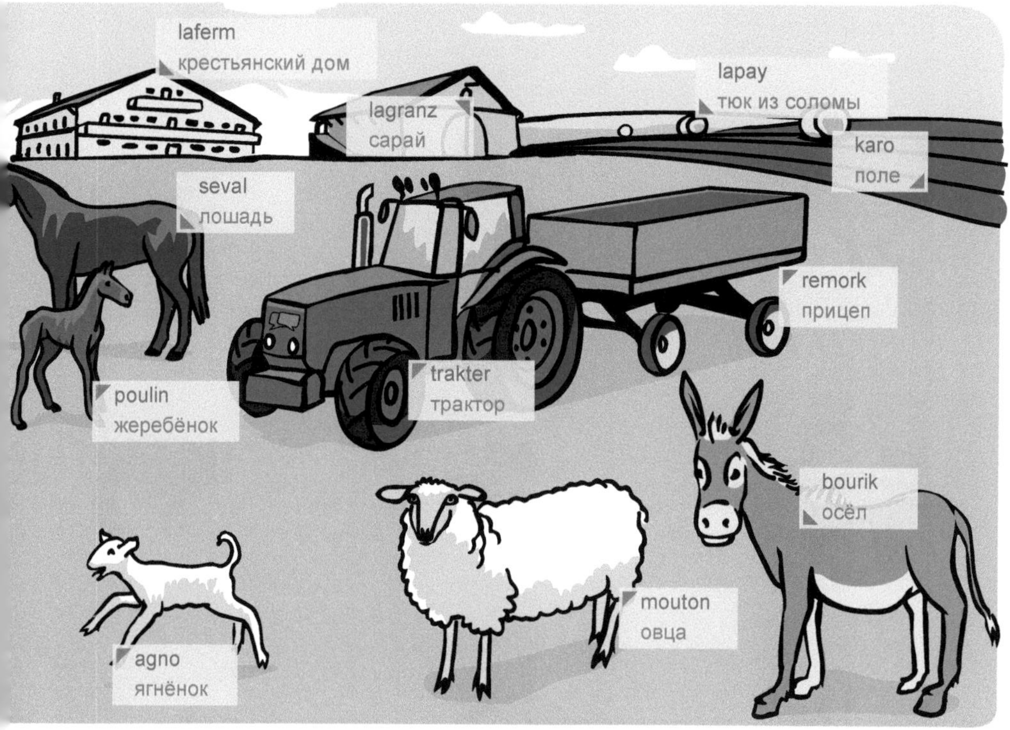
laferm
крестьянский дом
lagranz
сарай
lapay
тюк из соломы
karo
поле
seval
лошадь
remork
прицеп
poulin
жеребёнок
trakter
трактор
bourik
осёл
mouton
овца
agno
ягнёнок

kabri
коза

vas
корова

vo
телёнок

koson
свинья

ti-koson
поросёнок

toro
бык

lezwa

гусь

kanar

утка

pousin

цыплёнок

poul

курица

kok

петух

lera

крыса

sat

кошка

souri

мышь

bef

вол

lisien

собака

lakaz lisien

конура

tiyo

садовый шланг

arozwar

лейка

laserp

коса

saret

плуг

fosi

серп

pios

мотыга

fours

навозные вилы

lars

топор

bouret

тачка

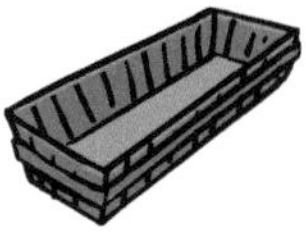

kiv

корыто

bwat dile

бидон для молока

sak

мешок

fencing

забор

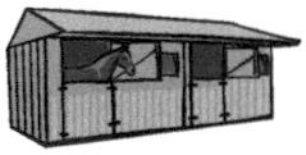

letab

хлев

laser

теплица

later

почва

lagrin

посев

langre

удобрение

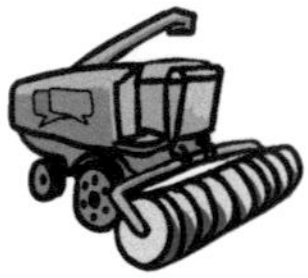

masinn pou fer rekolt

комбайн

rekolte

собирать урожай

rekolt

урожай

ignam

ямс

dible

пшеница

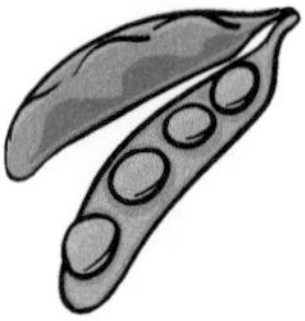

soya

соя

pomdeter

картофель

may

кукуруза

colza

рапс

zarb frwitie

фруктовое дерево

maniok

маниок

sereal

злаки

lakaz

дом

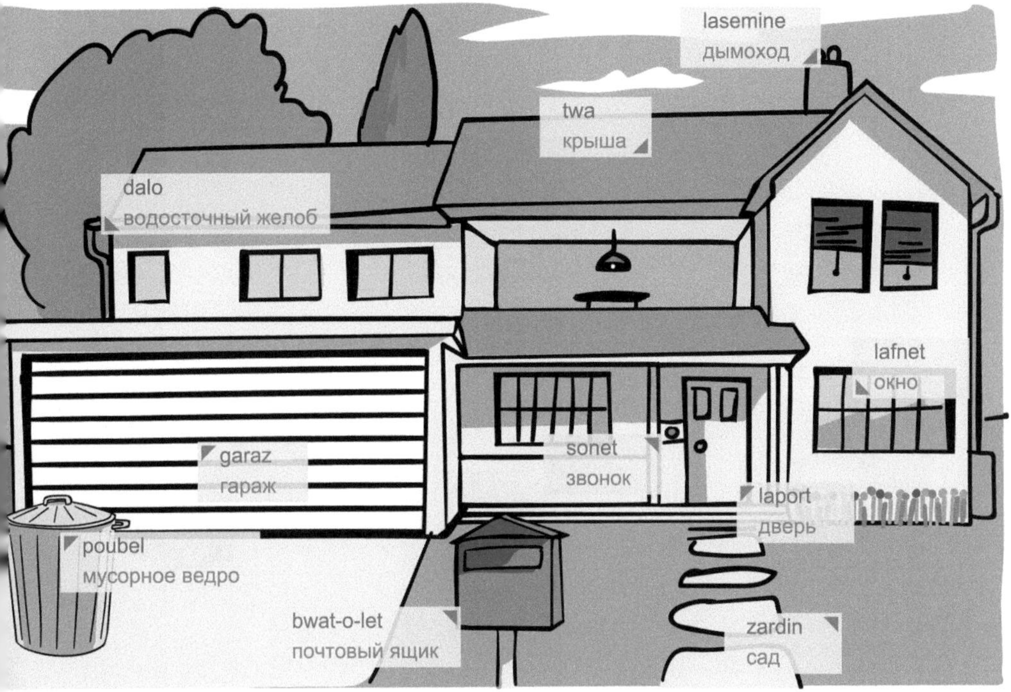
lasemine
дымоход
twa
крыша
dalo
водосточный желоб
lafnet
окно
garaz
гараж
sonet
звонок
laport
дверь
poubel
мусорное ведро
bwat-o-let
почтовый ящик
zardin
сад

salon

гостиная

saldebin

ванная комната

lakwizinn

кухня

lasam

спальня

lasam zanfan

детская комната

salamanze

столовая

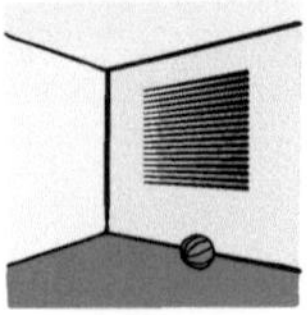

sali

пол

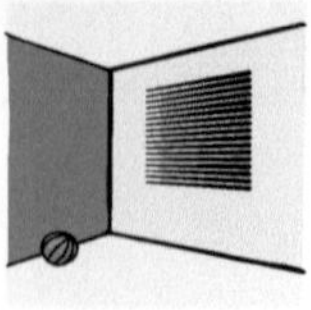

miray

стена

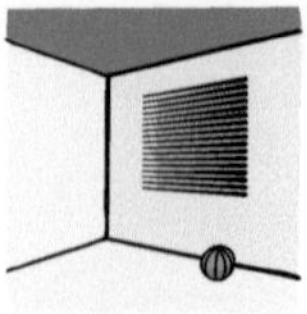

plafon

потолок

lakav

подвал

sona

сауна

balkon

балкон

teras

терраса

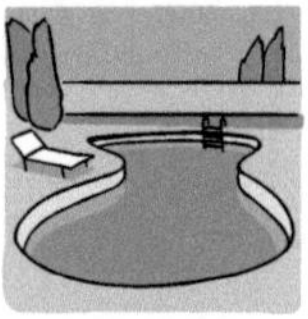

pisinn

бассейн

masinn koup gazon

газонокосилка

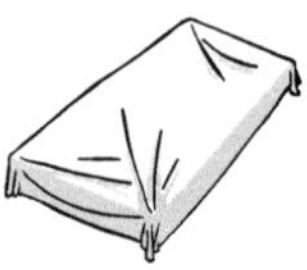

dra

пододеяльник

kwet

покрывало

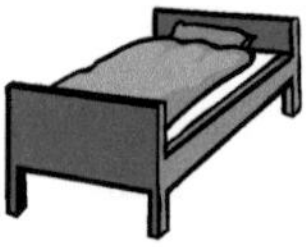

lili

кровать

balie

метла

seo

ведро

take lalimier

выключатель

salon

гостиная

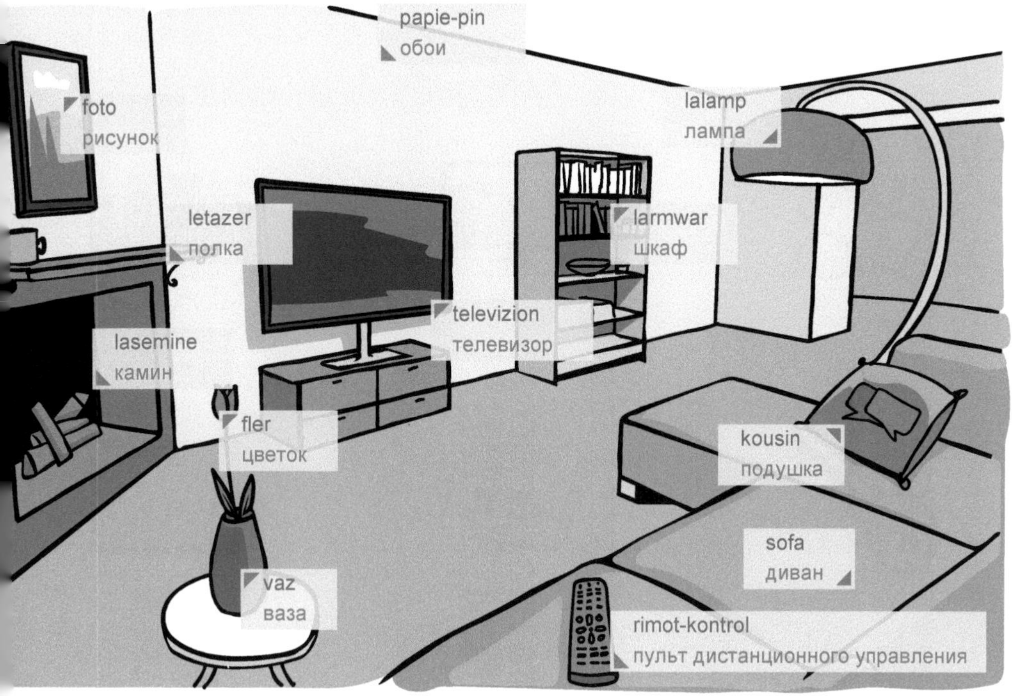

papie-pin
обои
foto
рисунок
lalamp
лампа
letazer
полка
larmwar
шкаф
televizion
телевизор
lasemine
камин
fler
цветок
kousin
подушка
sofa
диван
vaz
ваза
rimot-kontrol
пульт дистанционного управления

tapi

ковёр

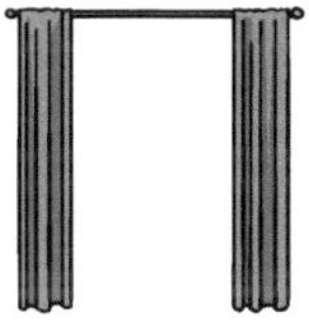

rido

штора

latab

стол

sez

стул

rocking chair

кресло-качалка

fotey

кресло

liv

книга

kouvertir

покрывало

dekorasion

украшение

dibwa foye

дрова

fim

фильм

hi-fi

стереосистема

lakle

ключ

zournal

газета

lapintir

картина

poster

плакат

radio

радио

bloknot

блокнот

laspirater

пылесос

kaktis

кактус

labouzi

свеча

lakwizinn

кухня

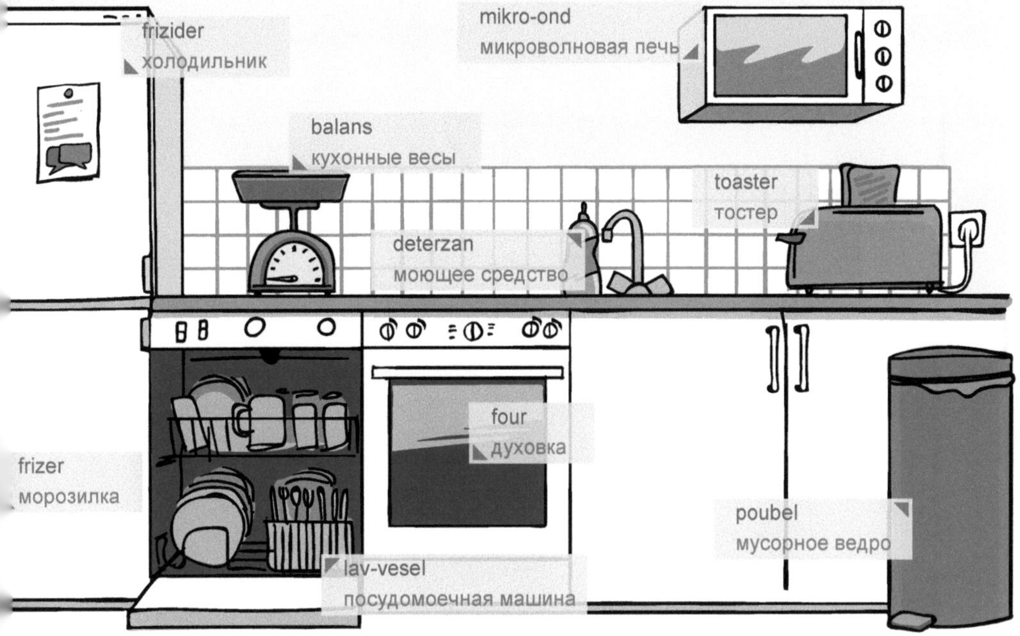

frizider
холодильник
mikro-ond
микроволновая печь
balans
кухонные весы
toaster
тостер
deterzan
моющее средство
four
духовка
frizer
морозилка
poubel
мусорное ведро
lav-vesel
посудомоечная машина

four
плита

kasrol
кастрюля

marmit
чугунный котелок

wok
вок / кадай

pwal
сковорода

boulwar
чайник

steamer

пароварка

plak kwison

противень

vesel

посуда

goble

кружка

bol

миска

baget sinwa

палочки для еды

lous

половник

spatil

лопатка

fwet

сбивалка

paswar

сито

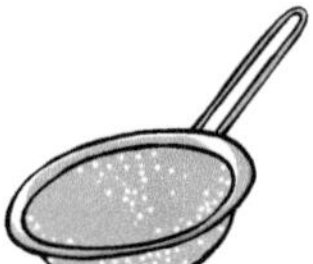

tami

сито

larap

тёрка

mortie

ступка

griyad

гриль

lasemine

костёр

biyo

доска

roulo

скалка

tirbouson

штопор

bwat konserv

жестяная банка

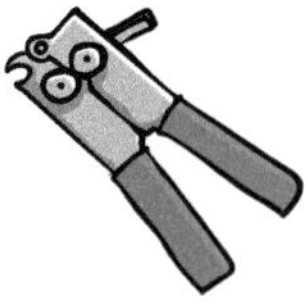

ouvbwat

консервный нож

legan proteksion

прихватка

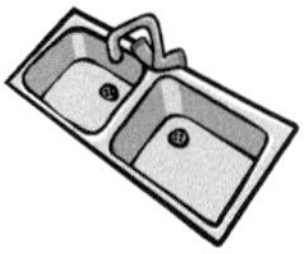

lavabo

раковина

bros

щетка

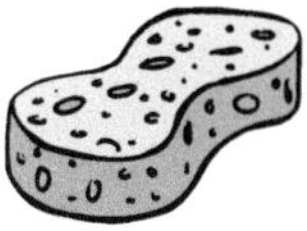

leponz

губка

blender

миксер

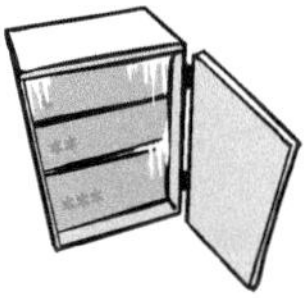

konzelater

морозильная камера

bibron

бутылочка для кормления

robine

кран

saldebin

ванная комната

sofaz
отопление
dous
душ
serviet
полотенце
rido dous
душевая занавеска
bin mousan
пенистая ванна
benwar
ванна
ver
стакан
masinn lave
стиральная машина
robine
кран
karo
плитка
potsam
горшок
lavabo
раковина

twalet

туалет

twalet

напольный унитаз

bide

биде

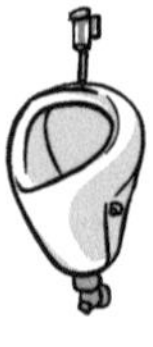

piswar

писсуар

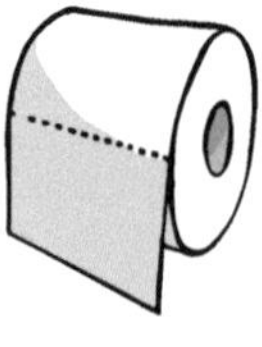

papie twalet

туалетная бумага

bros twalet

ершик

bros ledan

зубная щетка

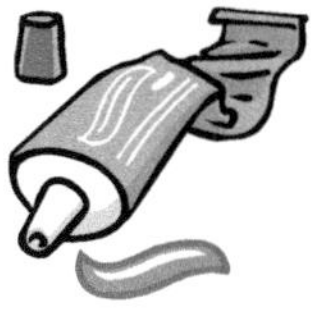

dantifris

зубная паста

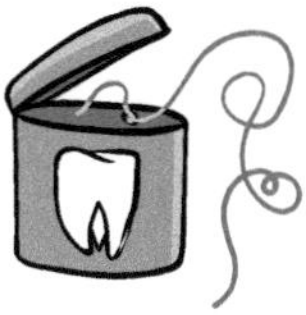

fil danter

зубная нить

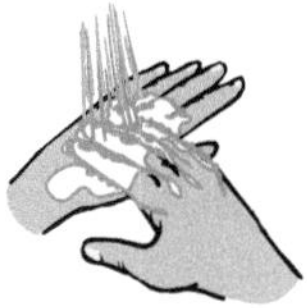

lave

мыть

ti-bin

ручной душ

dous

интимный душ

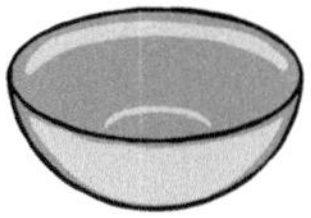

basin

таз

bros ledo

щетка для спины

savon

мыло

zel dous

гель для душа

sanpwin

шампунь

gandebin

мочалка

drin

сток

lakrem

крем

deodoran

дезодорант

mirwar

зеркало

mirwar

ручное зеркало

razwar

бритва

lamous pou raze

пена для бритья

apre-razaz

лосьон после бритья

pengn

расческа

bros

щетка

seswar

фен

lak

лак для волос

makiyaz

косметика

dirouz

губная помада

verni

лак для ногтей

cotton wool

вата

tay-zong

маникюрные ножницы

parfin

духи

trous twalet

косметичка

stoul

табуретка

balans

весы

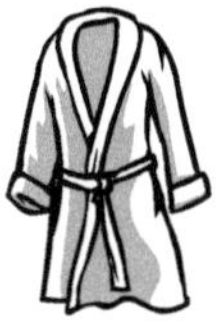

penwar

халат

legan netwayaz

резиновые перчатки

tanpon

тампон

serviet izienik

гигиеническая прокладка

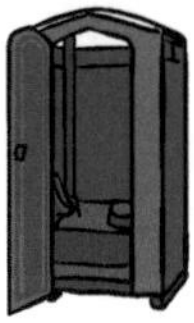

twalet simik

биотуалет

lasam zanfan
детская комната

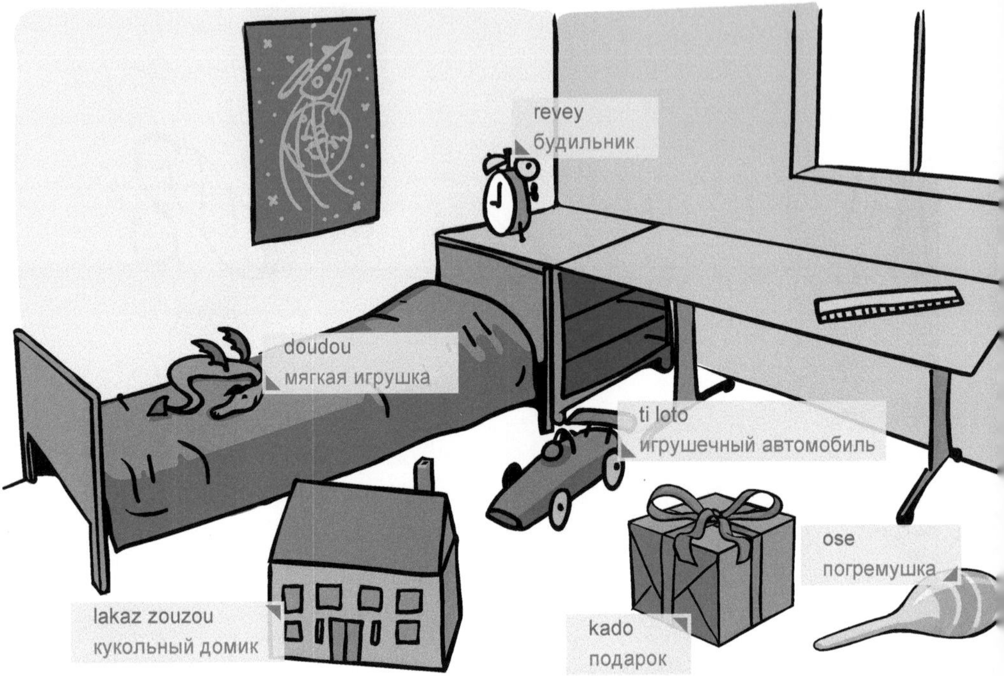

revey
будильник
doudou
мягкая игрушка
ti loto
игрушечный автомобиль
ose
погремушка
lakaz zouzou
кукольный домик
kado
подарок

balon

воздушный шар

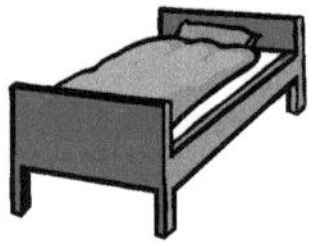

lili

кровать

pouset

детская коляска

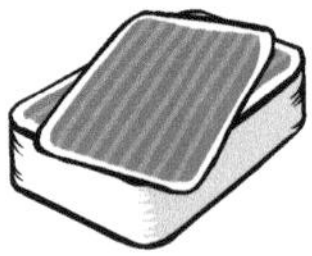

kart

карточная игра

puzzle

пазл

SUPER
MEGA

tikomik

комикс

lego

кирпичики Лего

lego

кубики

figirinn

игрушечная фигурка

grenouyer

ползунки

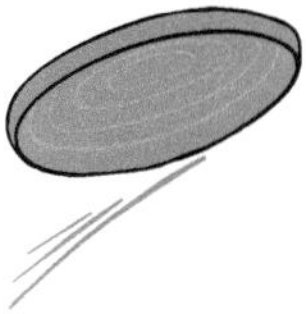

frisbee

фрисби

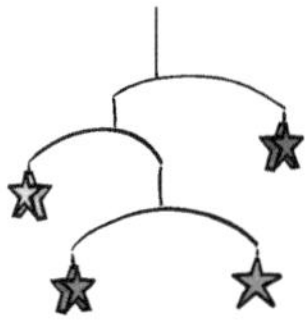

mobil

мобиле

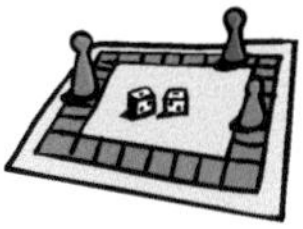

zwe

настольная игра

lede

кубик

trin zouzou

модель железной дороги

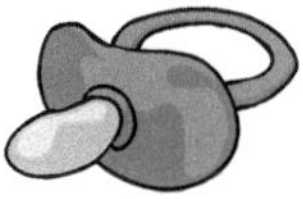

siset

соска

fet

вечеринка

liv ek zimaz

книга с картинками

boul

мяч

poupet

кукла

zwe

играть

bak-a-sab

песочница

balanswar

качели

zouzou

игрушка

game

игровая приставка

trisik

трёхколесный велосипед

nounours

плюшевый медвежонок

larmwar

шкаф для одежды

linz

одежда

soset

носки

leba

чулки

kolan

колготки

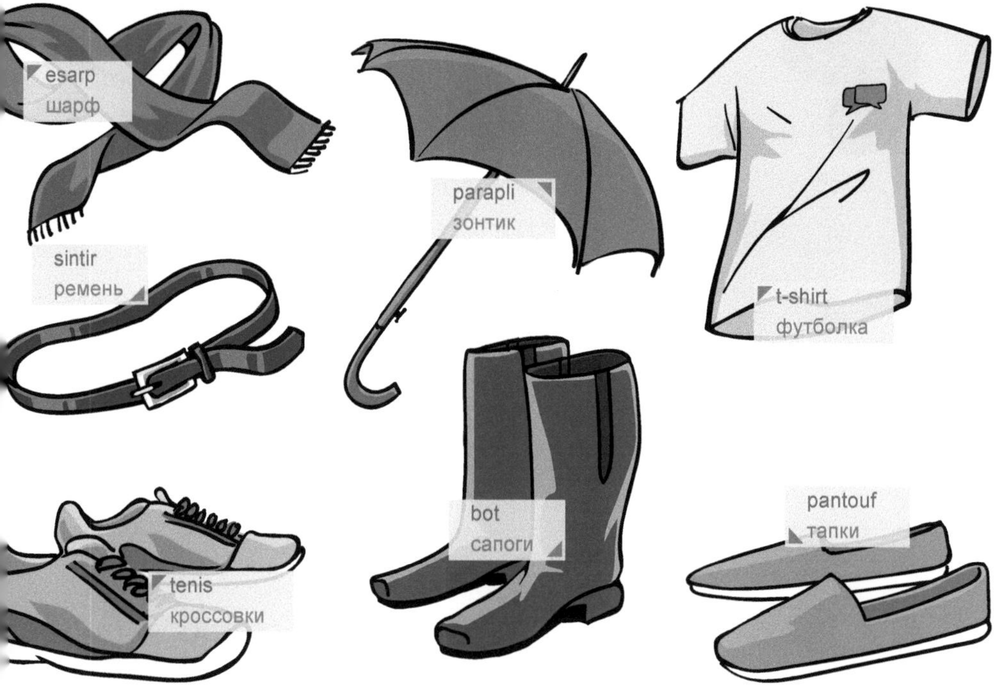
esarp
шарф
parapli
зонтик
sintir
ремень
t-shirt
футболка
bot
сапоги
pantouf
тапки
tenis
кроссовки

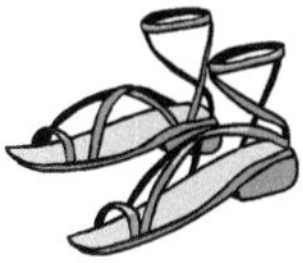

sandalet

сандалии

soulie

ботинки

bot an karotsou

резиновые сапоги

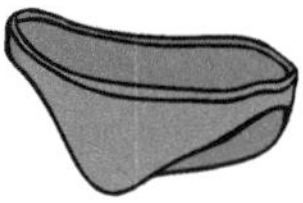

souvetman

трусы

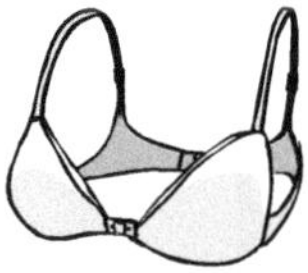

soutiengorz

бюстгальтер

vest

майка

body

боди

pantalon

брюки

jeans

джинсы

zip

юбка

blouz

блузка

simiz

рубашка

pull-over

свитер

blouzon ek kapison

свитер

vest

спортивная куртка

jaket

жакет

manto

пальто

pardesi

плащ

kostim

костюм

rob

платье

rob lamarye

свадебное платье

kostim

мужской костюм

robdesam

ночная сорочка

pizama

пижама

sari

сари

foular

платок

tirban

тюрбан

bourka

паранджа

kaftan

кафтан

abaya

абайя

mayo de bin

купальник

mayo de bin

плавки

sorti de sekour

шорты

linz spor

спортивный костюм

tabliye

фартук

legan

перчатки

bouton

пуговица

linet

очки

brasle

браслет

kolie

цепочка

bag

кольцо

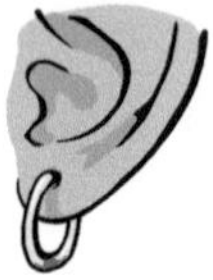

zanon

серьга

bone

шапка

sint

вешалка

sapo

шляпа

kravat

галстук

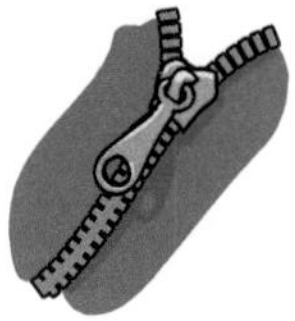

fermetirekler

застежка молния

elmet

шлем

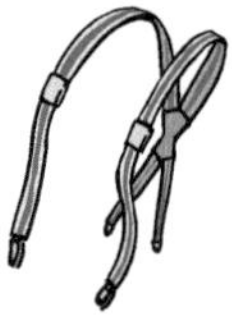

bretel

подтяжки

iniform lekol

школьная форма

iniform

форма

bavwar

детский нагрудник

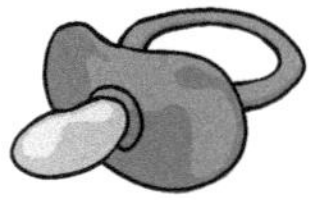

siset

соска

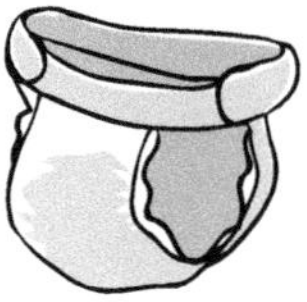

lanz

подгузник

biro

офис

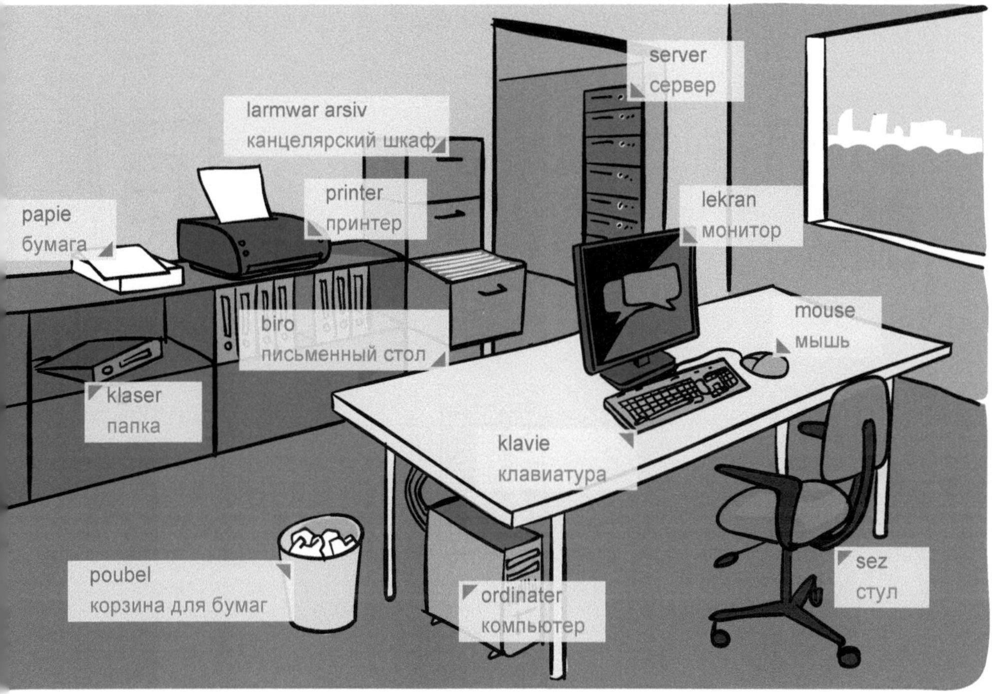

server
сервер
larmwar arsiv
канцелярский шкаф
printer
принтер
lekran
монитор
papie
бумага
biro
письменный стол
mouse
мышь
klaser
папка
klavie
клавиатура
poubel
корзина для бумаг
ordinater
компьютер
sez
стул

mug

кофейная кружка

kalkilatris

калькулятор

internet

интернет

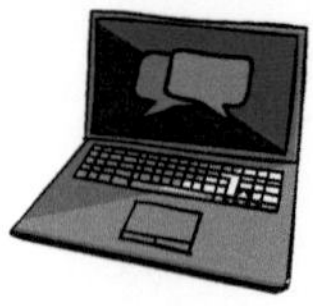

laptop

ноутбук

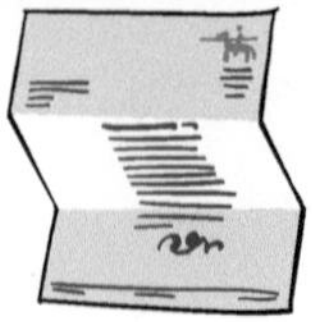

let

письмо

mesaz

сообщение

portab

мобильный телефон

rezo

сеть

fotokopi

ксерокс

lozisiel

программа

telefonn

телефон

priz

розетка

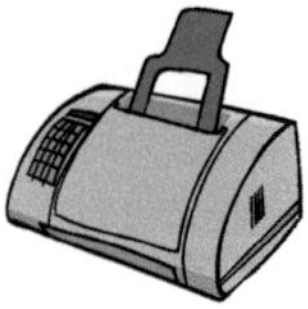

fax

факс

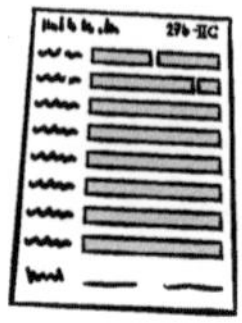

form

формуляр

dokiman

документ

lekonomi

экономика

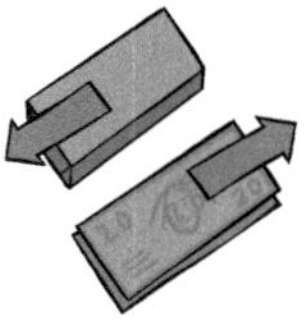

aste

покупать

peye

платить

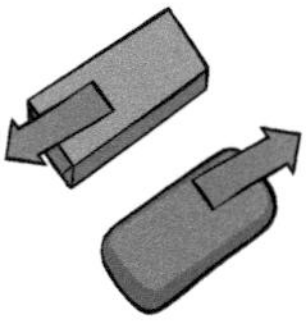

fer biznes

торговать

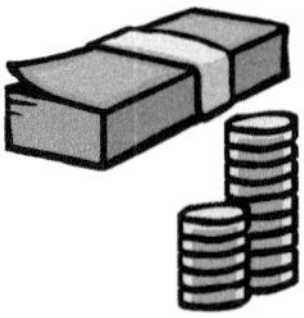

larzan

деньги

USD

dolar

доллар

EUR

euro

евро

JPY

yen

иена

RUB

rouble

рубль

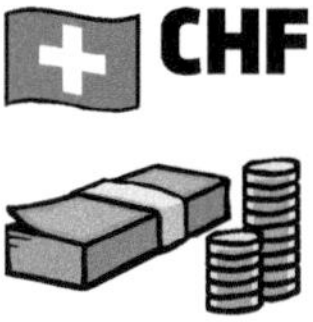
CHF

fran swis

франк

CNY

renminbi yuan

жэньминьби юань

INR

roupi

рупия

ATM

distribiter biye

банкомат

biro sanz

пункт обмена валюты

lor

золото

larzan

серебро

petrol

нефть

lenerzi

энергия

36€

pri

цена

kontra

договор

tax

налог

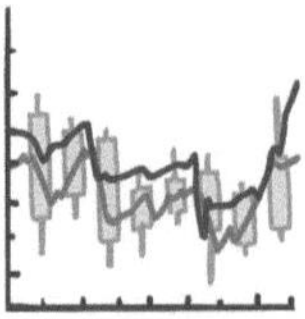

aksion

акция

travay

работать

anplwaye

служащий

anplwayer

работодатель

lizinn

фабрика

magazin

магазин

polisie
милиционер
ponpie
пожарный
kwizinie
повар
dokter
врач
pilot
пилот

zardinie

садовник

sarpantie

столяр

koutirier

швея

ziz

судья

simis

химик

akter

актёр

sofer bis

водитель автобуса

sofer taxi

таксист

peser

рыбак

bonn

уборщица

zouvriye twa lakaz

кровельщик

server

официант

saser

охотник

pint

художник

boulanze

пекарь

elektrisien

электрик

zouvriye

строитель

inzenier

инженер

bouse

мясник

plonbie

сантехник

fakter

почтальон

solda

солдат

arsitek

архитектор

kesie

кассир

fleris

флорист

kwafez

парикмахер

chek

кондуктор

mekanisien

механик

kapitenn

капитан

dantis

зубной врач

siantis

ученый

rabi

раввин

imam

имам

mwann

монах

pret

священник

zouti

инструменты

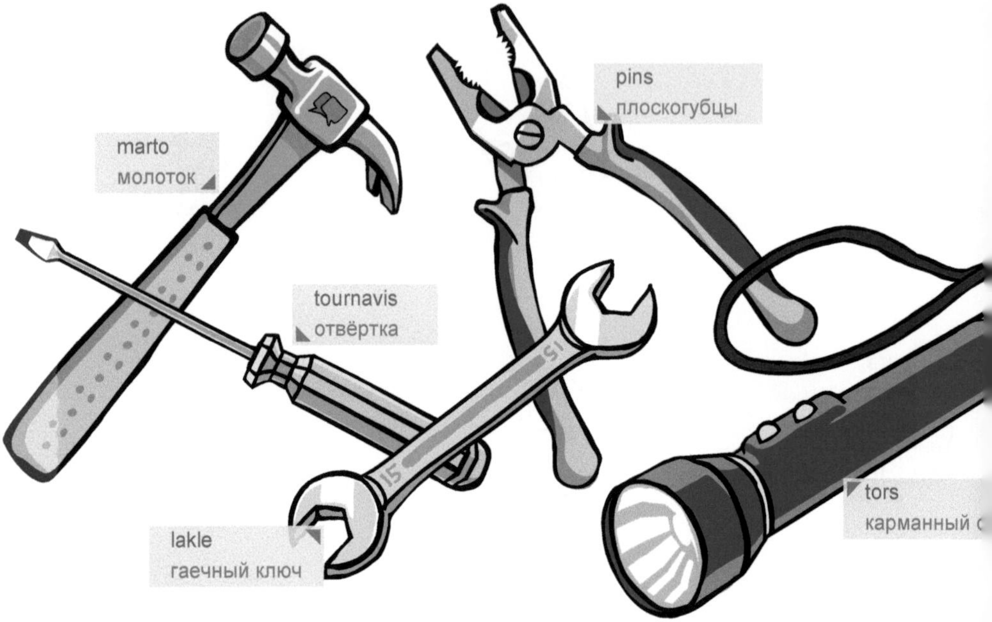

pins
плоскогубцы
marto
молоток
tournavis
отвёртка
lakle
гаечный ключ
tors
карманный

peltez

экскаватор

bwat zouti

ящик для инструментов

lesel

стремянка

lasi

пила

koulou

гвозди

persez

дрель

aranze

ремонтировать

lapel

лопата

Ayo!

Блин!

lapel

совок

po lapintir

ведро с краской

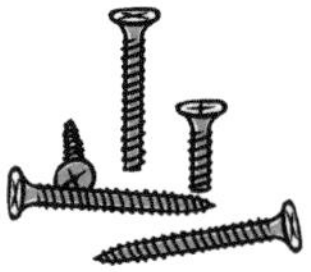

vis

винты

instriman lamizik

музыкальные инструменты

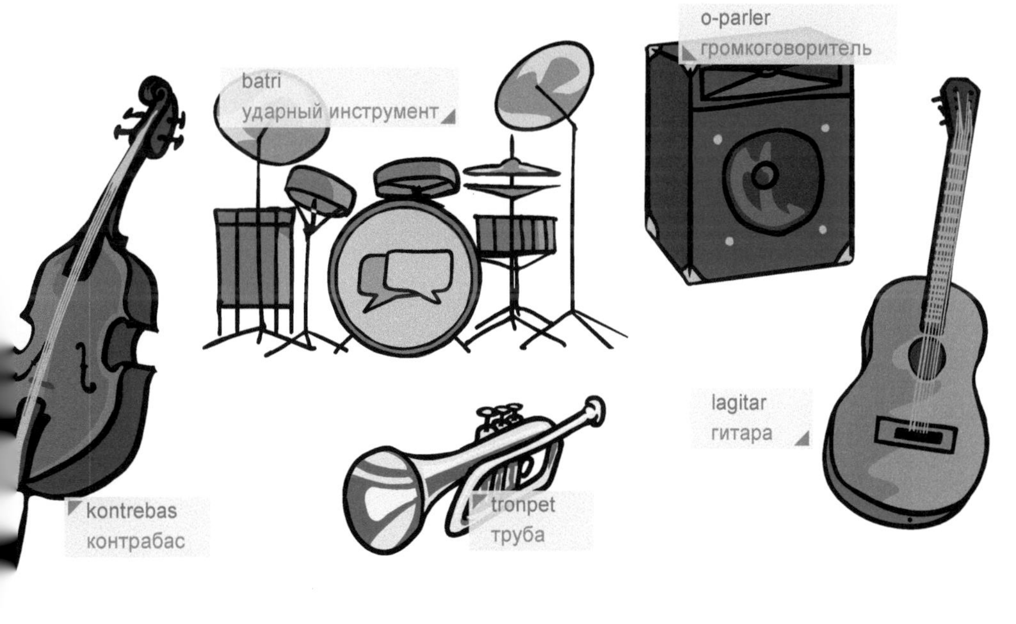
o-parler
громкоговоритель
batri
ударный инструмент
lagitar
гитара
kontrebas
контрабас
tronpet
труба

piano

пианино

violon

скрипка

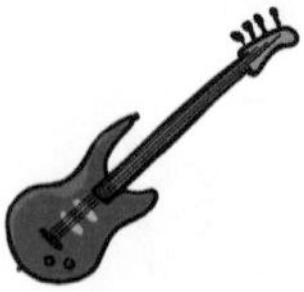

bas

бас-гитара

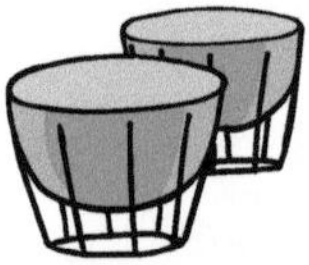

tinbal

литавры

tanbour

барабан

klavie

синтезатор

saxofonn

саксофон

laflit

флейта

mikro

микрофон

tig
тигр
lantre
вход
kaz
клетка
zeb
зебра
manze pou zanimo
корм
panda
панда

zanimo
животные

lelefan
слон

kangourou
кенгуру

rinoceros
носорог

gori
горилла

lours
медведь

samo

верблюд

lotris

страус

lion

лев

zako

обезьяна

flaman roz

фламинго

peroke

попугай

lours poler

белый медведь

pingwi

пингвин

rekin

акула

pan

павлин

serpan

змея

krokodil

крокодил

gardien zoo

служитель зоопарка

fok

тюлень

zagwar

ягуар

poney

пони

leopar

леопард

ipopotam

бегемот

ziraf

жираф

leg

орёл

sangliye

кабан

pwason

рыба

torti

черепаха

mors

морж

renar

лиса

gazel

газель

spor
спорт

foutborl ameriken
американский футбол
siklism
езда на велосипеде
tenis
теннис
basketball
баскетбол
natasion
плавание
oke lor gazon
хоккей
labox
бокс

foutborl
футбол

badminton
бадминтон

atletism
лёгкая атлетика

handball
гандбол

ski
лыжный спорт

polo
поло

aktivite
действия

ote
рыгать
maye
обнимать
riye
смеяться
marse
идти
sante
петь
reve
мечтать
priye
молиться
anbrase
целовать

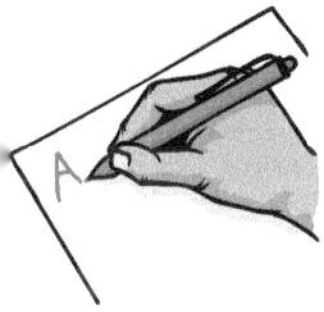

ekrir

писать

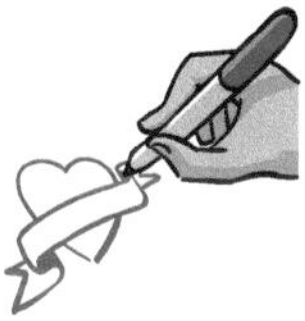

desine

рисовать

montre

показывать

pouse

нажимать

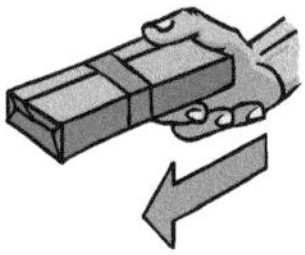

done

давать

pran

брать

ena

иметь

fer

делать

ete

быть

diboute

стоять

galoupe

бежать

rise

тянуть

zete

бросать

tonbe

падать

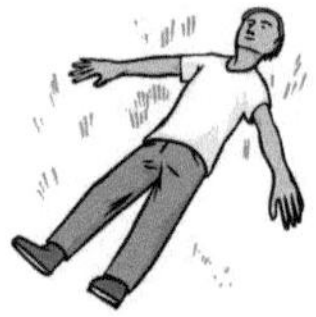

alonze

лежать

atann

ждать

amene

носить

asize

сидеть

abiye

надевать

dormi

спать

leve

просыпаться

gete

рассматривать

plore

плакать

karese

гладить

pengne

причесывать

koze

говорить

konpran

понимать

?

dimande

спрашивать

ekoute

слушать

bwar

пить

manze

кушать

netwaye

наводить порядок

kontan

любить

kwi

готовить

kondir

ехать

anvole

летать

fer lavwal

ходить под парусом

42

kalkile

считать

lir

читать

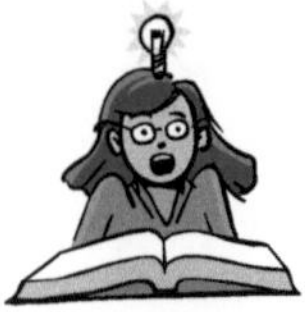

aprann

учиться

travay

работать

marye

вступать в брак

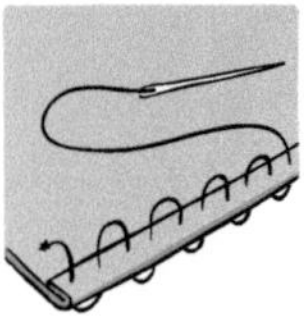

koud

шить

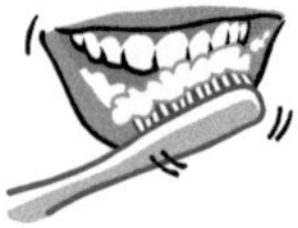

bros ledan

чистить зубы

touye

убивать

fime

курить

avoye

отправлять

granmer
бабушка
granper
дедушка
papa
папа
mama
мама
ti-baba
младенец
tifi
дочь
garson
сын

ot
гость

matant
тетя

tonton
дядя

frer
брат

ser
сестра

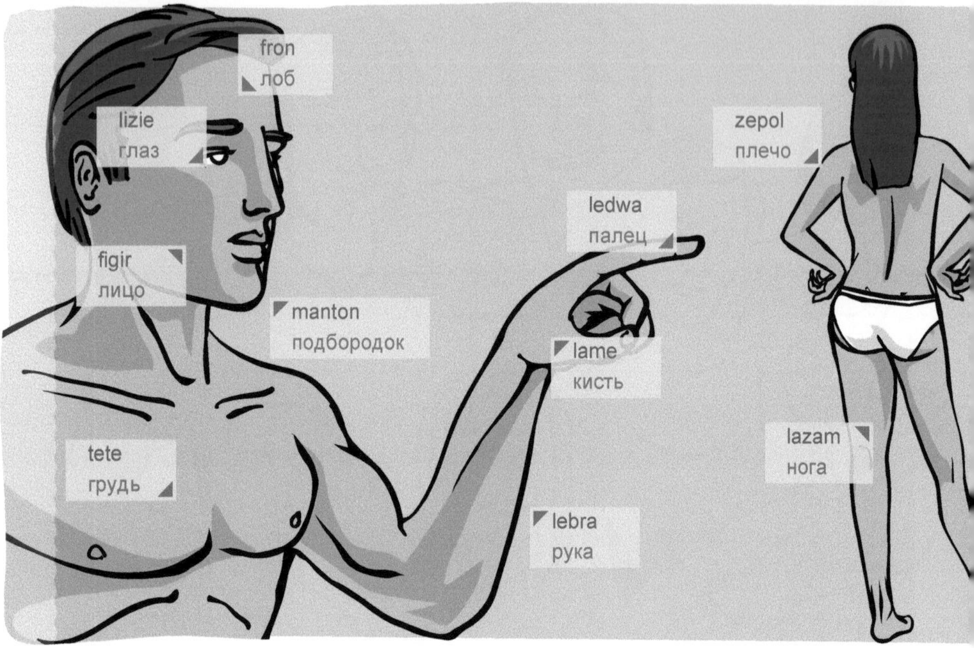
fron
лоб
lizie
глаз
zepol
плечо
ledwa
палец
figir
лицо
manton
подбородок
lame
кисть
lazam
нога
tete
грудь
lebra
рука

ti-baba
младенец

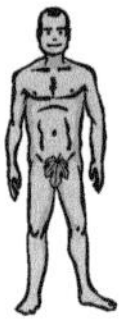
zom
мужчина

fam
женщина

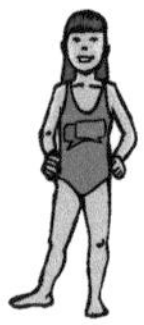
tifi
девочка

ti-garson
мальчик

latet
голова

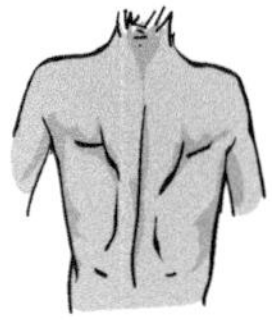

ledo

спина

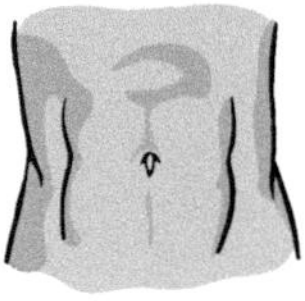

vant

живот

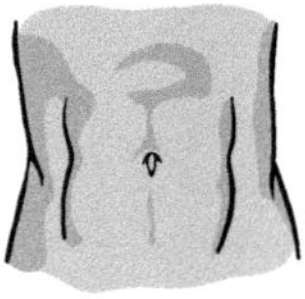

lonbri

пупок

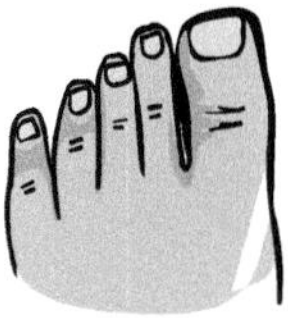

zortey

палец ноги

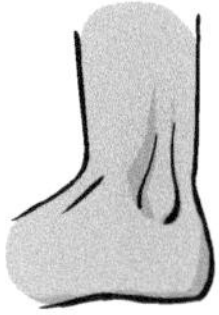

talon

пятка

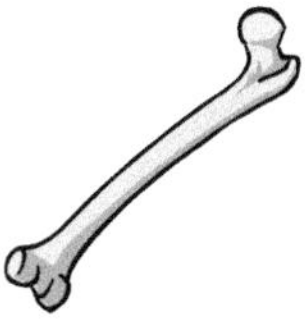

lezo

кость

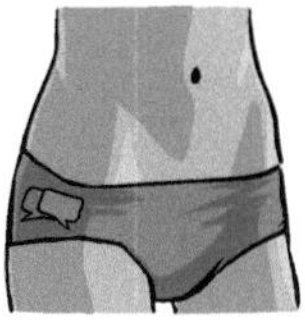

laans

бедро

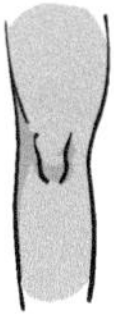

zenou

колено

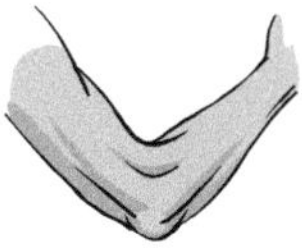

koud

локоть

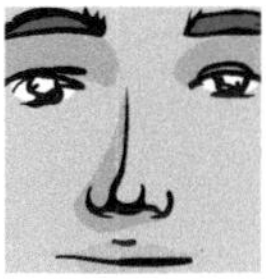

nene

нос

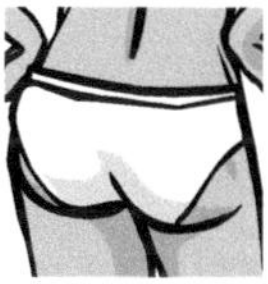

fes

ягодицы

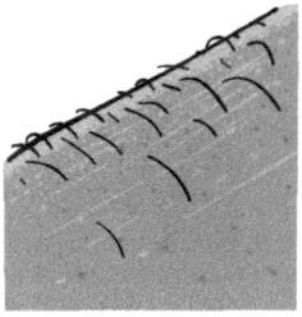

lapo

кожа

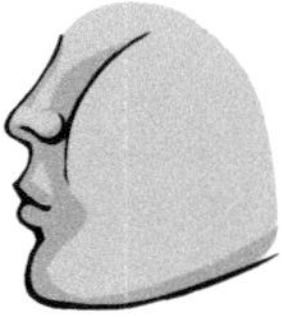

lazou

щека

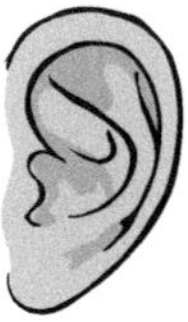

zorey

ухо

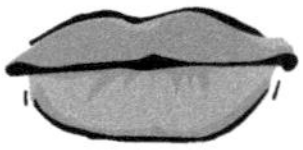

lalev

губа

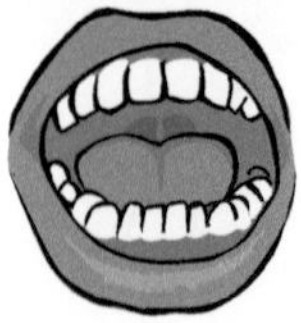

labous

рот

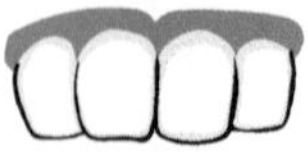

ledan

зуб

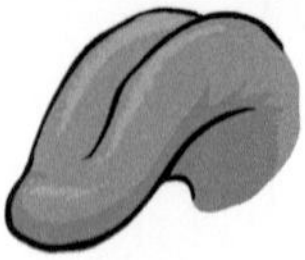

lalang

язык

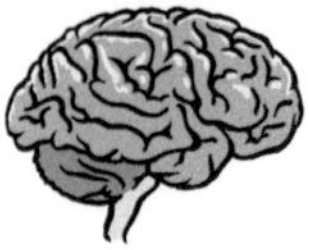

servo

мозг

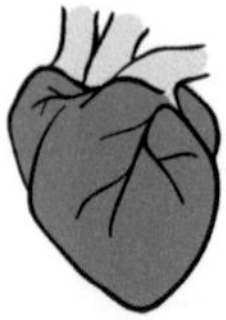

leker

сердце

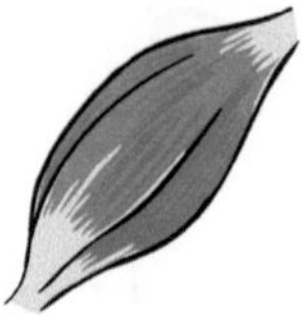

mix

мышца

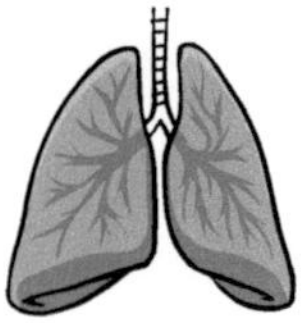

poumon

лёгкое

lefwa

печень

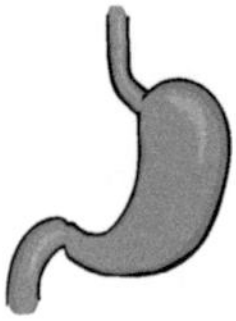

lestoma

желудок

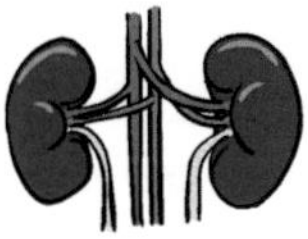

lerin

почки

sex

половой акт

kapot

презерватив

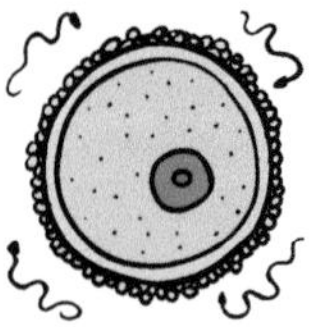

ovil

яйцеклетка

sperm

сперма

groses

беременность

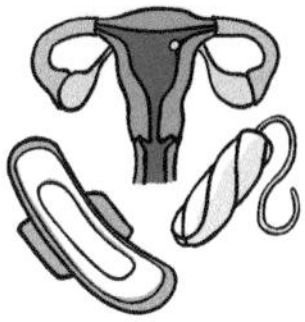

period

менструация

vazin

вагина

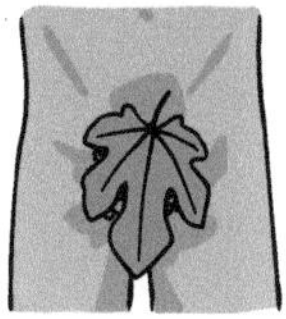

penis

пенис

soursi

бровь

seve

волосы

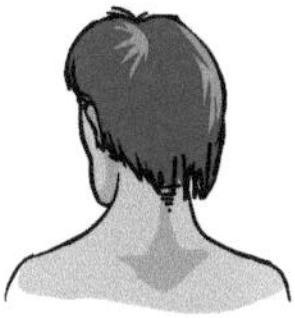

likou

шея

lopital

больница

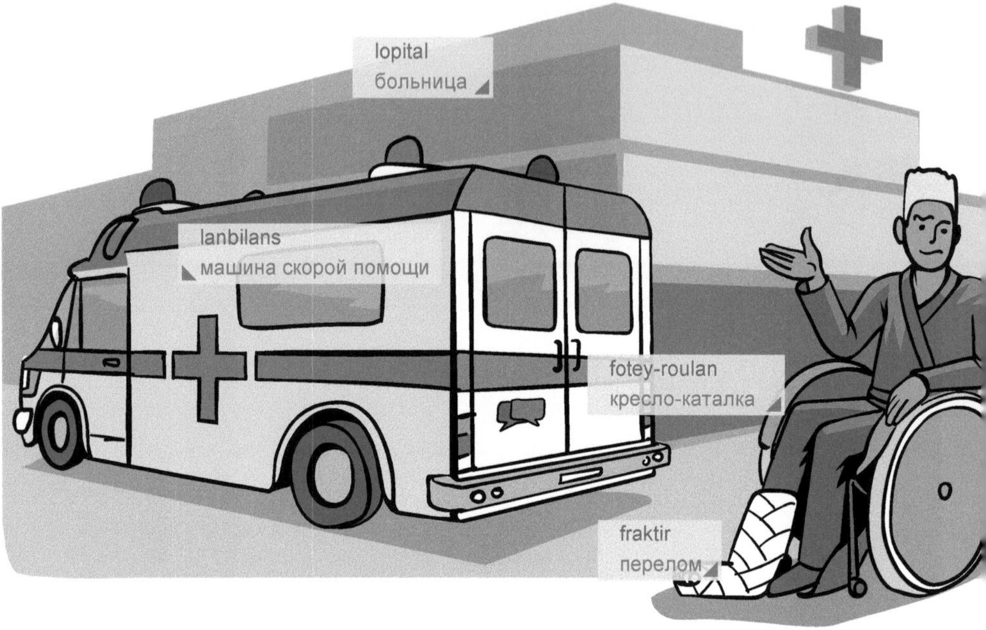
lopital
больница
lanbilans
машина скорой помощи
fotey-roulan
кресло-каталка
fraktir
перелом

dokter

врач

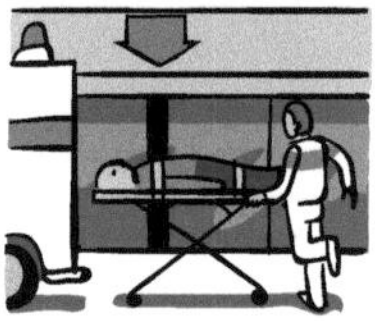

servis irzans

пункт первой помощи

ners

медсестра

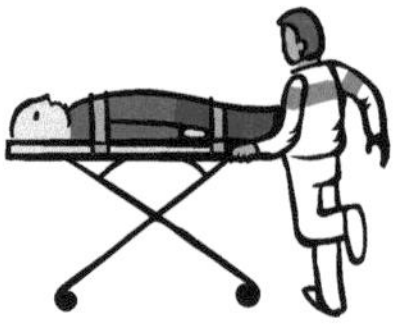

irzans

неотложный случай

inkonsian

без сознания

douler

боль

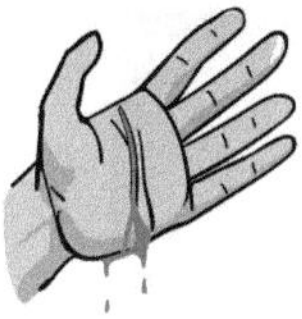

blesir

повреждение

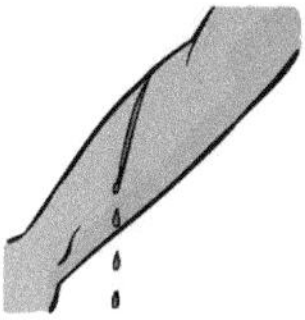

emorazi

кровотечение

kriz kardiak

инфаркт

atak serebral

инсульт

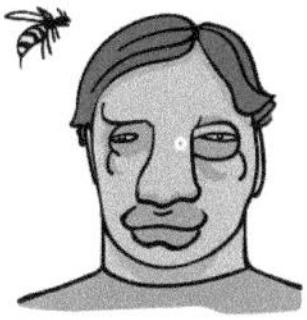

alerzik

аллергия

touse

кашель

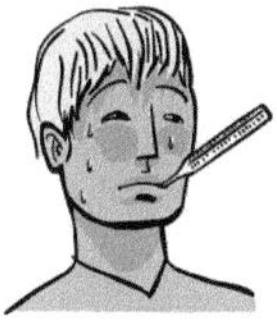

lafiev

ышенная температура

lagrip

грипп

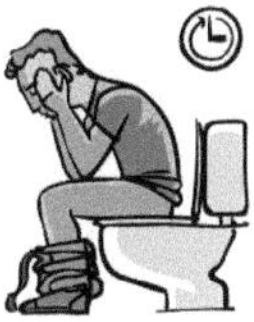

diare

понос

malad latet

головная боль

kanser

рак

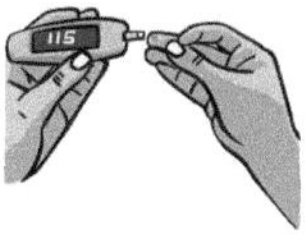

diabet

диабет

sirirzien

хирург

skalpel

скальпель

operasion

операция

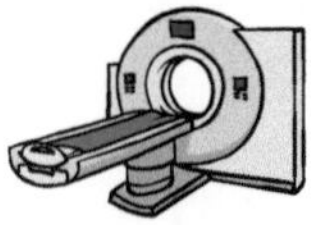

CT

КТ

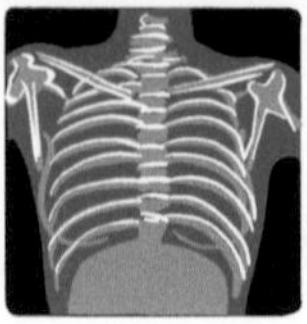

x-ray

рентген

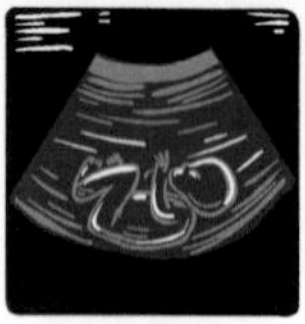

iltrason

ультразвук

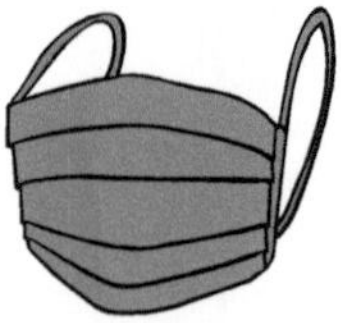

mask

маска

maladi

болезнь

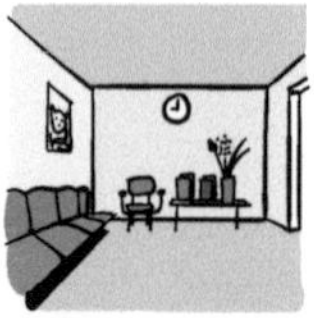

sal-datant

приёмная

beki

костыль

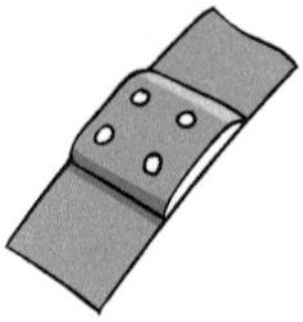

pansman

пластырь

bandaz

бинт

inzeksion

укол

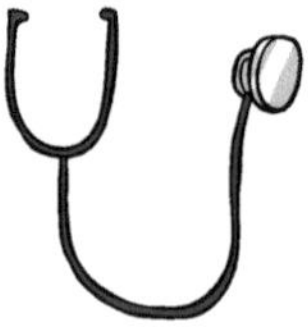

stetoskop

стетоскоп

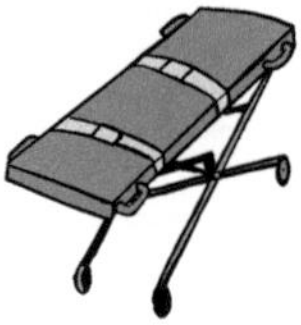

brankar

носилки

termomet

термометр

nesans

рождение

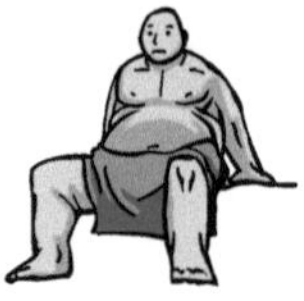

sirpwa

избыточный вес

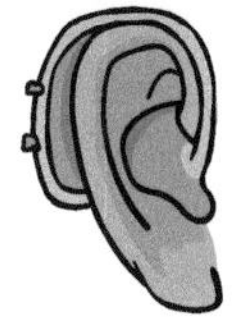

laparey oditif

слуховой аппарат

dezinfektan

дезинфекционное средство

infeksion

инфекция

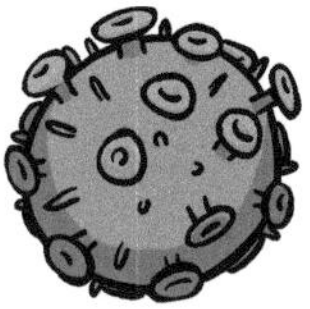

viris

вирус

HIV / SIDA

ВИЧ / СПИД

medsinn

лекарство

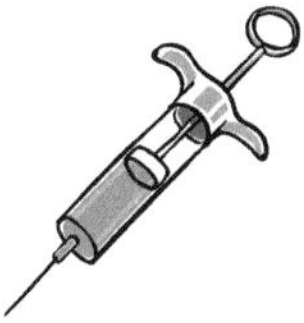

vaksinasion

прививка

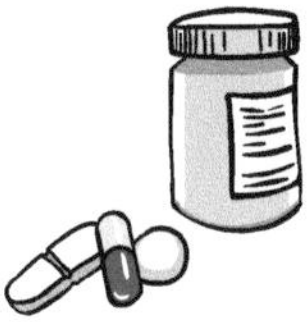

konprime

таблетки

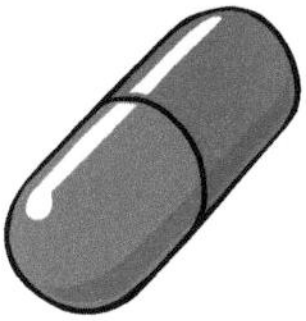

pilil kontraseptif

противозачаточная таблетка

korl irzans

экстренный вызов

120
80

laparey tansion

прибор для измерения кровяного давления

malad / bien

больной / здоровый

irzans

неотложный случай

o-sekour

Помогите!

alarm

сигнал тревоги

atak

нападение

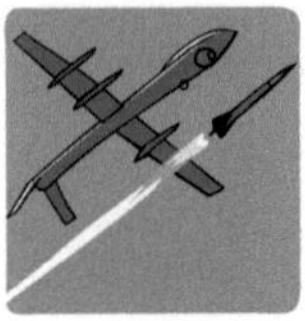

atak

атака

danze

опасность

sorti de sekour

запасной выход

Dife!

Пожар!

laponp dife

огнетушитель

aksidan

несчастный случай

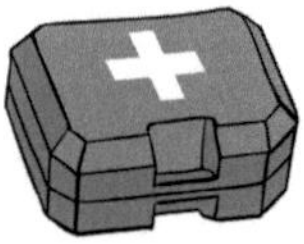

kit first aid

аптечка

SOS

SOS

SOS

lapolis

милиция

lerop

Европа

Lamerik di nor

Северная Америка

Lamerik di sid

Южная Америка

lafrik

Африка

lazi

Азия

lostrali

Австралия

latlantik

тлантический океан

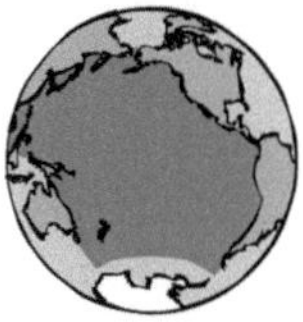

pasifik

Тихий океан

losean indien

Индийский океан

losean antartik

нтарктический океан

losean artik

Северный Ледовитый океан

Pol Nor

Северный полюс

Pol Sid

Южный полюс

lantartik

Антарктика

later

земля

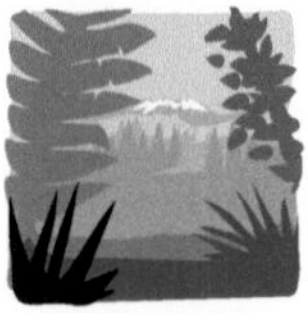

later

суша

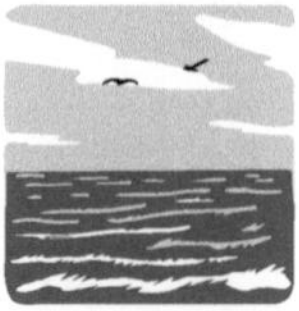

lamer

море

zil

остров

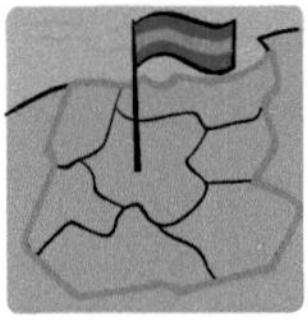

nasion

нация

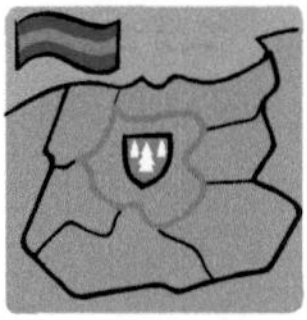

leta

государство

orloz

часы

kadran

циферблат

zegwi ler

часовая стрелка

zegwi minit

минутная стрелка

zegwi segonn

секундная стрелка

ki ler la ?

Который час?

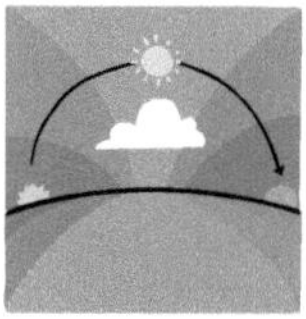

zour

день

letan

время

aster-la

сейчас

10:25

mont dizital

электронные часы

minit

минута

ler

час

lasemenn

неделя

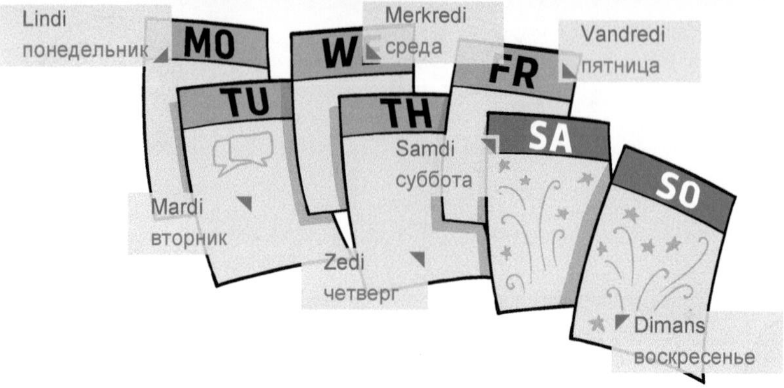

Lindi
понедельник
MO
Mardi
вторник
TU
Merkredi
среда
W
Zedi
четверг
TH
Vandredi
пятница
FR
Samdi
суббота
SA
Dimans
воскресенье
SO

TUE
MON
1

yer

вчера

TUE
2

zordi

сегодня

TUE
3

demin

завтра

gramatin

утро

midi

полдень

aswar

вечер

MO TU WE TH FR SA SU
1 2 3 4 5 6 7
8 9 10 11 12 13 14
15 16 17 18 19 20 21
22 23 24 25 26 27 28
29 30 31 1 2 3 4

zour travay

рабочие дни

MO TU WE TH FR SA SU
1 2 3 4 5 6 7
8 9 10 11 12 13 14
15 16 17 18 19 20 21
22 23 24 25 26 27 28
29 30 31 1 2 3 4

wikenn

выходные

lane

год

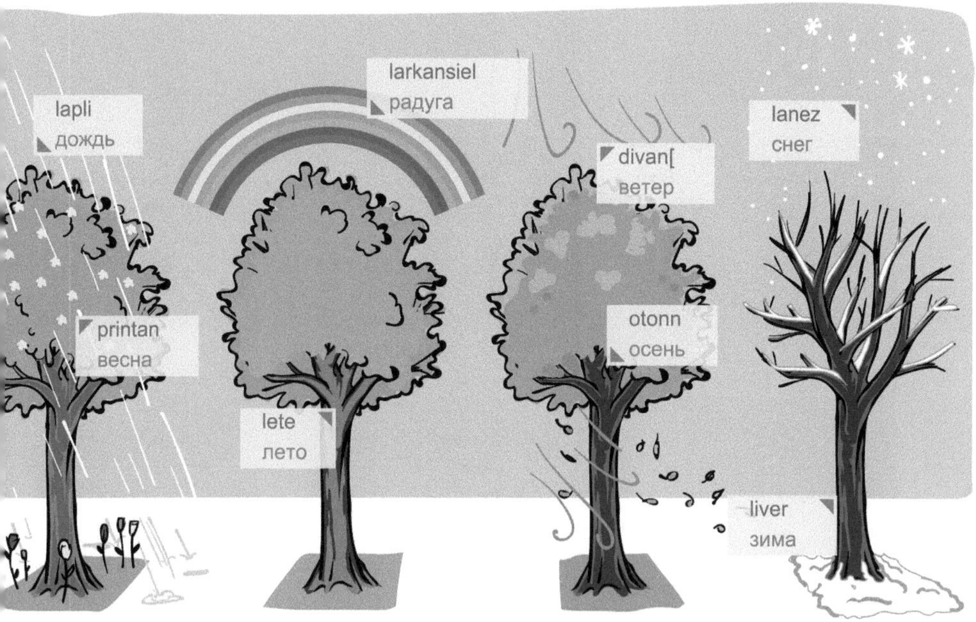
lapli
дождь
larkansiel
радуга
lanez
снег
divan[
ветер
printan
весна
otonn
осень
lete
лето
liver
зима

4.APRIL 11°
5.APRIL 4°
6.APRIL 13°
7.APRIL 8°
8.APRIL 10°

meteo

прогноз погоды

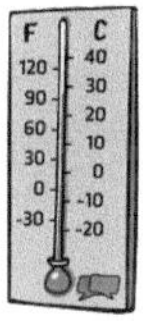
F C
120 40
90 30
60 20
30 10
0 0
-30 -10
-20

termomet

термометр

lalimier soley

солнечный свет

niaz

туча

brouyar

туман

limidite

влажность воздуха

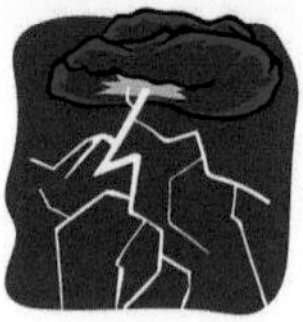

lafoud

молния

toner

гром

tanpet

буря

lagrel

град

mouson

муссон

inondasion

наводнение

laglas

лёд

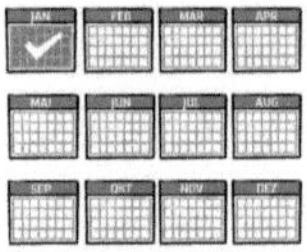

Zanvie

январь

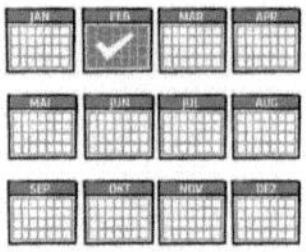

Fevriye

февраль

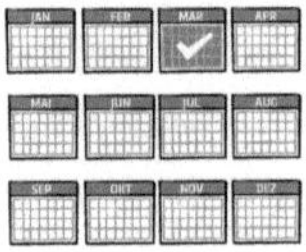

Mars

март

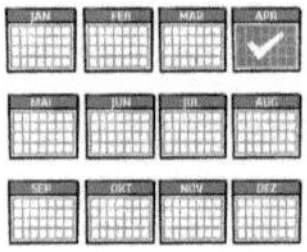

Avril

апрель

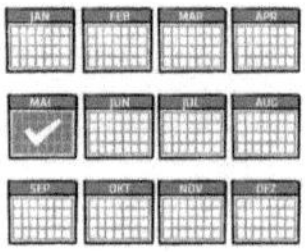

Me

май

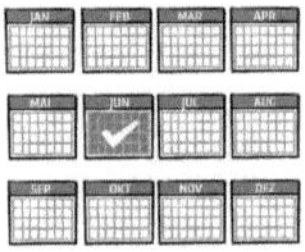

Zien

июнь

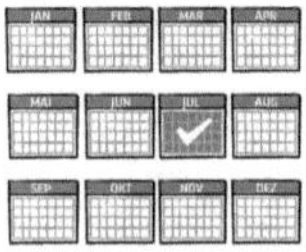

Zilie

июль

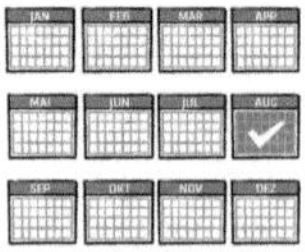

Out

август

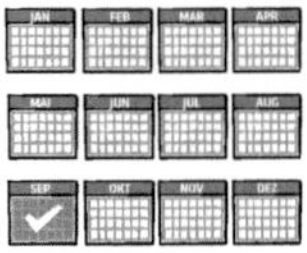
JAN FEB MAR APR
MAI JUN JUL AUG
SEP OKT NOV DEZ

Septam

сентябрь

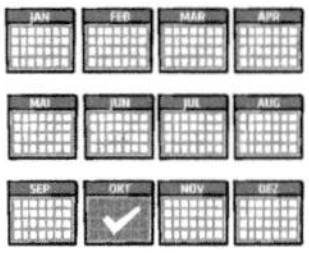
JAN FEB MAR APR
MAI JUN JUL AUG
SEP OKT NOV DEZ

Oktob

октябрь

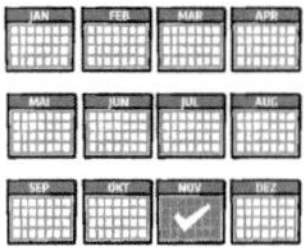
JAN FEB MAR APR
MAI JUN JUL AUG
SEP OKT NOV DEZ

Novam

ноябрь

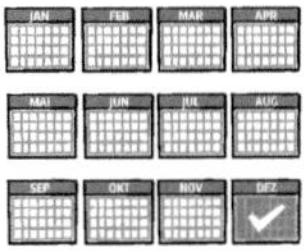
JAN FEB MAR APR
MAI JUN JUL AUG
SEP OKT NOV DEZ

Desam

декабрь

form

формы

ron

круг

kare

квадрат

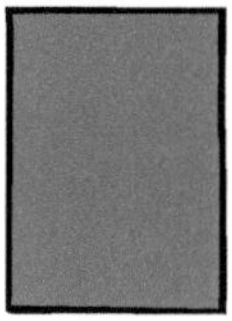

rektang

прямоугольник

triang

треугольник

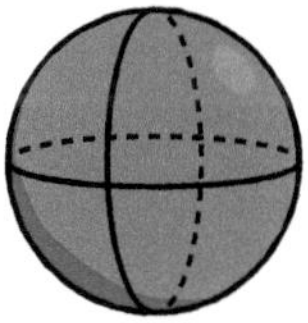

sfer

шар

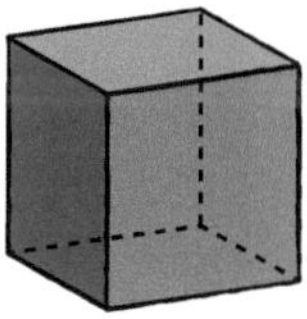

kib

куб

bann kouler

цвета

blan

белый

zonn

желтый

oranz

оранжевый

roz

розовый

rouz

красный

mov

лиловый

ble

синий

ver

зелёный

maron

коричневый

gri

серый

nwar

черный

opozision

противоположности

boukou / enn tigit

много / мало

ankoler / kalm

яростный / мирный

zoli / vilin

красивый / уродливый

koumansman / lafin

начало / конец

gro / tipti

большой / маленький

kler / obskirite

светлый / темный

frer / ser

брат / сестра

prop / sal

чистый / грязный

konple / inkonple

полный / неполный

lizour / lanwit

день / ночь

vivan / mor

мёртвый / живой

larz / sere

широкий / узкий

komestib / inkomestib

съедобный / несъедобный

move / bon

злой / дружелюбный

exsite / agase

взволнованный / скучающий

gra / mins

толстый / худой

MO
TU
WE
TH
FR
SA
SO

premie / dernie

сначала / в конце

kamwad / lennmi

друг / враг

ranpli / vid

полный / пустой

dir / mou

твёрдый / мягкий

lour / leze

тяжёлый / легкий

fin / swaf

голод / жажда

malad / bien

больной / здоровый

ilegal / legal

незаконный / законный

intelizan / kouyon

умный / глупый

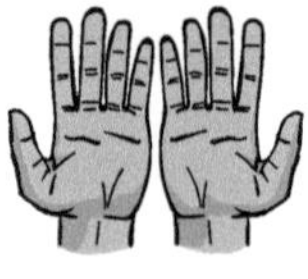

gos / drwat

слева / справа

pre / lwin

близко / далеко

nouvo / ize

вый / подержанный

nanye / kiksoz

ничто / нечто

vie / zenn

старый / молодой

demare / arete

ючено / выключено

ouver / ferme

открыто / закрыто

trankil / for

тихо / громко

ris / pov

богатый / бедный

bon / move

правильный / неправильный

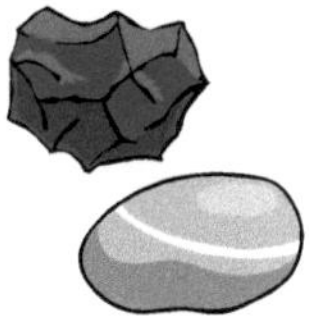

brit / lis

шероховатый / гладкий

tris / zwaye

альный / счастливый

kourt / long

короткий / длинный

lan / rapid

медленный / быстрый

tranpe / sek

мокрый / сухой

so / fre

тёплый / прохладный

lager / lape

война / мир

nimero

цифры

0	1	2
zero	enn	de
ноль	один	два
3	4	5
trwa	kat	sink
три	четыре	пять
6	7	8
sis	set	wit
шесть	семь	восемь
9	10	11
nef	distribiter biye	onz
девять	десять	одиннадцать

12	13	14
douz	trez	katorz
двенадцать	тринадцать	четырнадцать
15	16	17
kinz	sez	diset
пятнадцать	шестнадцать	семнадцать
18	19	20
dizwit	diznef	vin
восемнадцать	девятнадцать	двадцать
100	1.000	1.000.000
san	mil	milyon
сто	тысяча	миллион

bann langaz

языки

Angle

английский

Angle Lamerik

американский английский

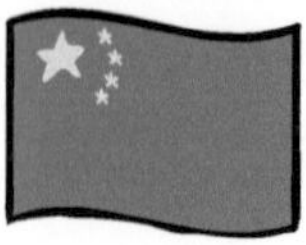

Mandarin Sinwa

мандаринский китайский

Hindi

хинди

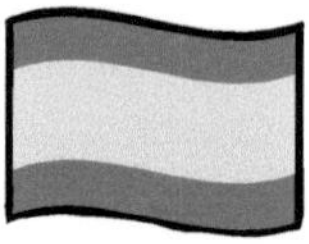

espagnol

испанский

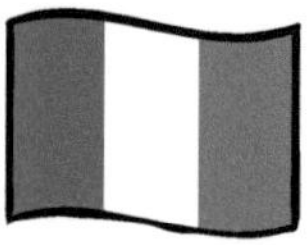

Franse

французский

Arab

арабский

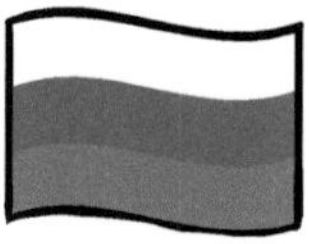

Ris

русский

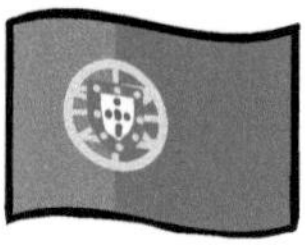

Portige

португальский

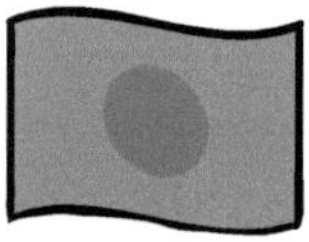

Bengali

бенгальский

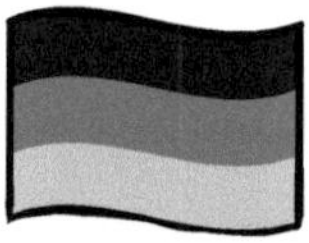

Alman

немецкий

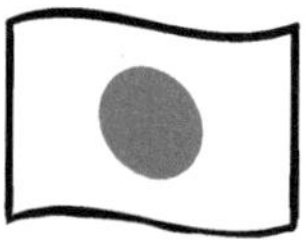

Zapone

японский

kisana / kiete / kouma

кто / что / как

mo

я

to

ты

♂ ♀ ○

li

он / она / оно

nou

мы

ou

вы

zot

они

kisana?

кто?

kiete?

что?

kouma?

как?

kotsa?

где?

kan?

когда?

HELLO, I AM

nom

имя

kotsa
где

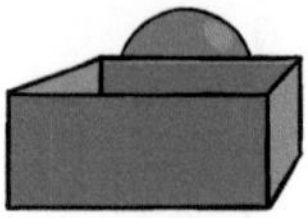

deryer

за

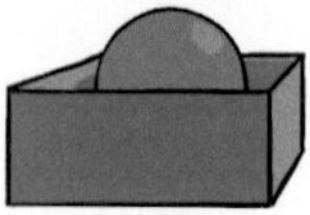

dan

в

devan

перед

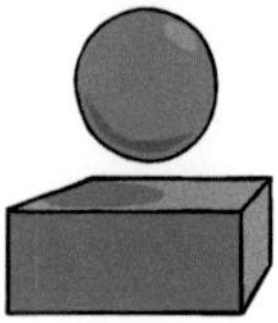

lor

над

lor

на

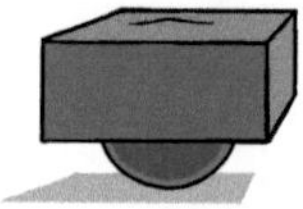

anba

под

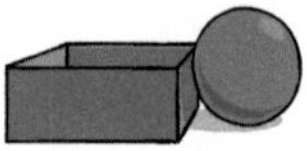

akote

рядом

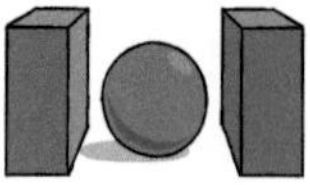

ant

между

plas

место